Nordseeküsten-Radweg 1
Niederlande: Von Rotterdam nach Leer

Ein original *bikeline*-Radtourenbuch

Esterbauer

bikeline®-Radtourenbuch
Nordseeküsten-Radweg 1
© 2002-2007, **Verlag Esterbauer GmbH**
A-3751 Rodingersdorf, Hauptstr. 31
Tel.: ++43/2983/28982-0, Fax: -500
E-Mail: bikeline@esterbauer.com
www.esterbauer.com
2. überarbeitete Auflage 2007
ISBN: 978-3-85000-083-3

Bitte geben Sie bei jeder Korrespondenz die Auflage und die ISBN an!

Dank an alle, die uns bei der Erstellung dieses Buches tatkräftig unterstützt haben, im besonderen an: V. Gross, Solingen; M. Hartmann, Unna; C. Koberstaedt, Karlsruhe; C. Huttenlauch, Bremen; I. Günthör, Nürnberg; C. Wondrak, Hamburg

Das *bikeline*-Team:
Birgit Albrecht, Heidi Authried, Beatrix Bauer, Karin Brunner, Anita Daffert, Nadine Dittmann, Stefan Dörner-Schmelz, Sandra Eisner, Roland Esterbauer, Angela Frischauf, Jutta Gröschel, Dagmar Güldenpfennig, Carmen Hager, Karl Heinzel, Heidi Huber, Peter Knaus, Martina Kreindl, Veronika Loidolt, Niki Nowak, Adele Pichl, Petra Riss, Michaela Schaller, Gaby Sipöcz, Martha Siegl, Matthias Thal, Wolfgang Zangerl.

Bildnachweis: Grischa Begaß: 6, 12, 14, 18, 22, 24, 26, 29, 34, 36, 38, 40, 41, 45, 46, 48, 50, 52, 54, 59, 60, 63, 75, 78, 94, 96, 100, 102, 104, 105, 106, 108, 111; Roland Esterbauer: 20, 62, 66, 70, 98, 110, 112, 116, 120; Birgit Albrecht: Cover groß, 64, 68, 72, 76, 80, 84, 86, 88, 114, 117, 122, 128L; Veronika Loidolt: Cover kl. o., 66, 82; Stichting Landelijk Fietsplatform, Hr. Ad Snelderwaard: Cover kl.u.; VVV Appingedam: 118; Stadt Leer: 128R.

bikeline® und *cycline*® sind eingetragene Warenzeichen; Einband patentrechtlich geschützt. Alle Daten wurden gründlich recherchiert und überprüft. Erfahrungsgemäß kann es jedoch nach Drucklegung noch zu inhaltlichen und sachlichen Fehlern und Änderungen kommen. Alle Angaben ohne Gewähr. Alle Rechte vorbehalten. Kein Teil dieses Buches darf in irgendeiner Form ohne schriftliche Genehmigung des Verlages reproduziert oder unter Verwendung elektronischer Systeme verarbeitet, vervielfältigt oder verbreitet werden.

Dieses Buch wird empfohlen von:

Kurs Nordwest
www.nordwesten.net

VCS · VCÖ · VCD
Verkehrsclubs

FDNF Fahrradtouristik GbR

Naturfreunde Österreich

Trekkingbike

Was ist bikeline?

Wir sind ein junges Team von aktiven Radfahrerinnen und Radfahrern, die 1987 begonnen haben, Radkarten und Radbücher zu produzieren. Heute tun wir dies als Verlag mit großem Erfolg. Mittlerweile gibt's bikeline® und cycline® Bücher in fünf Sprachen und in vielen Ländern Europas.

Um unsere Bücher immer auf dem letzten Stand zu halten, brauchen wir auch Ihre Hilfe. Schreiben Sie uns, wenn Sie Fehler oder Änderungen entdeckt haben. Oder teilen Sie uns einfach die Erfahrungen und Eindrücke von Ihrer Radtour mit.

Wir freuen uns auf Ihre Rückmeldung (redaktion@esterbauer.com),

Ihre bikeline-Redaktion

Vorwort

Rad fahren an den Küsten Hollands und Frieslands – das verspricht einen genussvollen Urlaub im Mutterland der Fahrradferien! Zwei unterschiedliche Teilstücke bilden den niederländischen Teil des Internationalen Nordseeküsten-Radwegs: Von Rotterdam bis fast hinauf an die Nordspitze Hollands ziehen sich die großen Dünenparks, immer wieder unterbrochen durch die Wunder der holländischen Deich- und Wasserbaukunst. Über den gigantischen Abschlussdeich oder die Inseln Texel und Vlieland kommen Sie dann ins weite, offene Friesland. Entlang der Deiche und durch die vielen winzigen Dörfer und Warften geht es – oft mit reichlich Rückenwind – hinüber in die Provinz Groningen, zum Dollard und schließlich nach Deutschland an die Ems.

Präzise Karten, genaue Streckenbeschreibungen, zahlreiche Stadt- und Ortspläne, Hinweise auf das kulturelle und touristische Angebot der Region und ein umfangreiches Übernachtungsverzeichnis – in diesem Buch finden Sie alles, was Sie zu einer Radtour entlang des Nordseeküsten-Radweges brauchen – außer gutem Radlwetter, das können wir Ihnen nur wünschen.

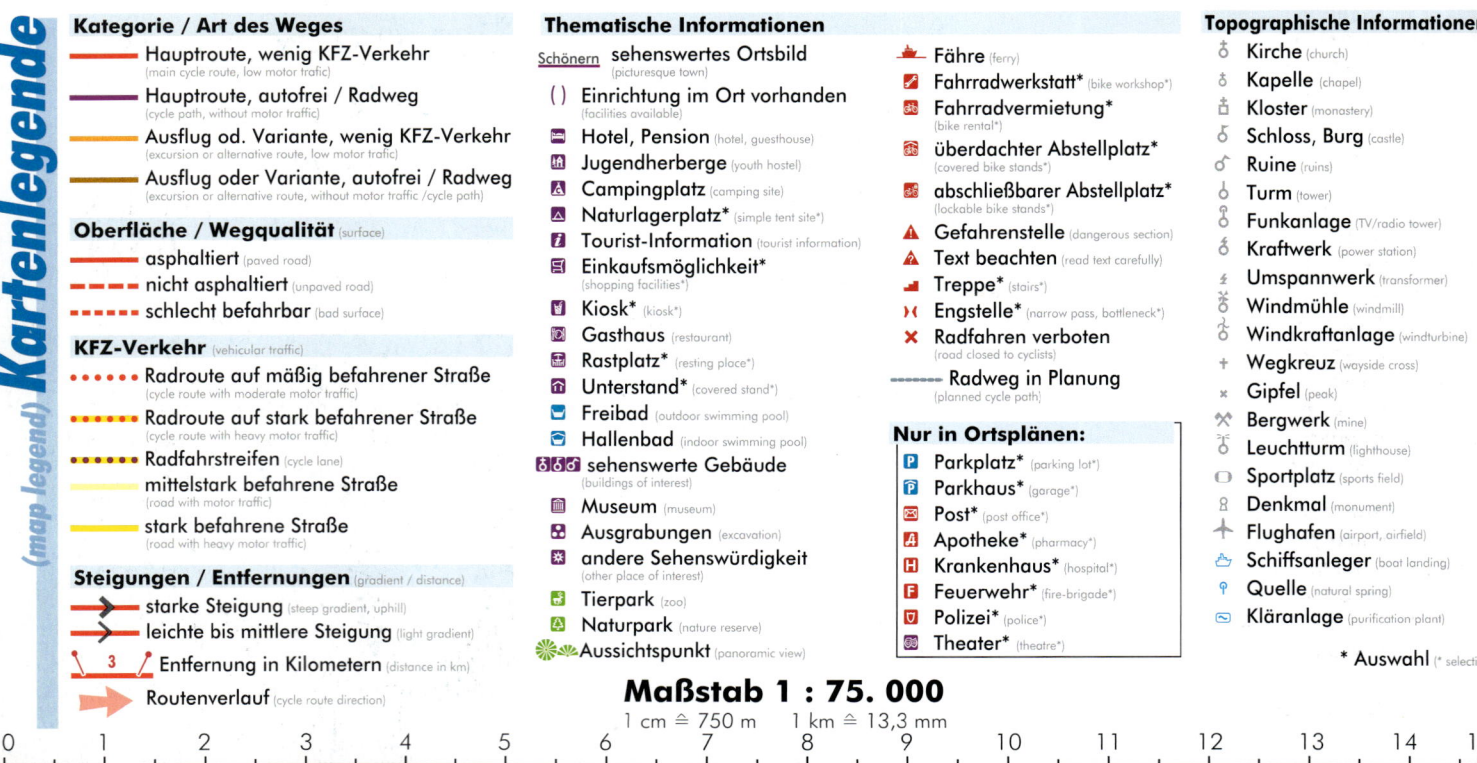

Staatsgrenze (international border)
Grenzübergang (border checkpoint)
Landesgrenze (country border)
Wald (forest)
Felsen (rock, cliff)
Vernässung (marshy ground)
Weingarten (vineyard)
Friedhof (cemetary)
Watt (shallows)
Dünen (dunes)
Wiesen*, Weiden* (meadows)
Damm, Deich (embankment, dyke)
Staumauer, Buhne (dam, groyne, breakwater)
Schnellverkehrsstraße (motorway)
Hauptstraße (main road)
untergeordnete Hauptstraße (secondary main road)
Nebenstraße (minor road)
Fahrweg (carriageway)
Fußweg (footpath)
Straße in Bau (road under construction)
Eisenbahn m. Bahnhof (railway with station)
Schmalspurbahn (narrow gage railway)
Tunnel; Brücke (tunnel; bridge)

Inhalt

3 Vorwort
4 Kartenlegende
5 Nordseeküsten-Radweg
11 Zu diesem Buch

13 **Von Rotterdam nach Zandvoort   86 km**

43 **Von Zandvoort nach Harlingen   143 km**

76 **Sommervariante über die Inseln Texel und Vlieland nach Harlingen   62,5 km**

92 **Von Harlingen nach Leer   219 km**

130 Unterkunftsverzeichnis
140 Ortsindex

Nordseeküsten-Radweg

North Sea Cycle Route

Bei dem hier vorgestellten Abschnitt des Nordseeküsten-Radwegs in den Niederlanden handelt es sich um ein Teilstück der internationalen North Sea Cycle Route. Dieser erste europäische Radfernweg führt rund um die ganze Nordsee durch sieben Länder – die Niederlande, Deutschland, Dänemark, Schweden, Norwegen, Schottland und England – mit einer Gesamtlänge von rund 6.000 Kilometern. Informationen zu der Gesamtroute sowie wichtige Adressen in den beteiligten Ländern und den notwendigen Fährverbindungen erhalten Sie bei den unten genannten Informationsstellen oder im Internet unter www.northsea-cycle.com. Bikeline-Radtourenbücher (Nordseeküsten-Radweg Teile 1-4) gibt es dazu mittlerweile von Hoek van Holland bis hinauf nach Frederikshavn (DK) am Skagerak.

5

Streckencharakteristik

Obwohl Holland extrem flach ist, wartet der Nordseeküsten-Radweg zwischen Hoek van Holland und Den Helder, sowie auf den beiden Inseln mit einigen Anstrengungen auf: Die angewehten Dünen erreichen Höhen von mehr als 20 Metern (bei Camperduin sogar über 50m!), und dazwischen geht's immer wieder auf Meeresniveau hinunter. Hinzu kommt der meist vom Meer wehende (Seiten-)Wind. Bei den in Holland vorherrschenden Winden ist die Wahrscheinlichkeit für Rückenwind in der beschriebenen Fahrtrichtung aber am ehesten gegeben. Erst im platten und baumarmen Friesland und Groningen können Sie entlang der Deiche mit Rückenwind aus West rechnen; Dünen finden sich hier nur noch auf den Inseln.

Länge

Die Hauptroute des niederländischen Nordseeküsten-Radwegs beträgt vom Fährhafen Hoek van Holland bis zur deutschen Grenze **409 Kilometer**; unser Vorschlag vom Hauptbahnhof Rotterdam startend und bis Leer an der Ems beläuft sich auf **448 km**. Die nur im Sommer nutzbare Variante über die Watteninseln Texel und Vlieland statt über den Abschlussdeich des IJsselmeeres ist knapp 13 Radel-Kilometer kürzer.

Wegequalität & Verkehr

Die Wegequalität ist überdurchschnittlich gut, praktisch alles ist asphaltiert oder glatt gepflastert. Die wenigen mit feinem Muschelkalk gestreuten Strecken in den Dünen sind so glatt, dass sie auch schmal bereiften Rennrädern keine Probleme bereiten. Wirklich unbefestigte Wege sind eine absolute Seltenheit, es gibt dort immer asphaltierte Alternativen. Verkehrsreiche Strecken sind in Holland nirgendwo ein Problem, denn es gibt neben fast jeder stärker befahrenen Straße einen separaten Radweg, vor allem in den Städten. Diese sind allerdings auch benutzungspflichtig!

Beschilderung

Der niederländische Teil der North Sea Cycle Route (NSCR) setzt sich aus Teilen der Noordzeeroute LF 1 und der Waddenzeeroute LF 10 zusammen. Sie folgen also deren Pfeilen – in der beschriebenen Fahrtrichtung sind das LF1b gen Norden und LF10a gen Osten.

Die Radfernwege und auch die meisten unserer empfohlenen Anschlüsse und Ausflüge sind – wie

Neue Armwegweiser mit grüner touristischer und roter Alltagswegweisung

alle touristischen Radrouten in Holland – kursiv grün auf weiß beschildert. Zusätzlich findet man die Radwegweisung für den Alltagsverkehr in rot auf weiß: Auf diesen Strecken kommen Radler ohne Umwege sicher zum Ziel – allerdings meist auf Radwegen entlang größerer Straßen.

Tourenplanung

Zentrale Infostellen

Niederländisches Büro für Tourismus (NBT), Postfach 270 580, D-50511 Köln, ☏ 01805/343322, www.niederlande.de oder www.holland.com.

VVV: Der **niederländische Fremdenverkehrsverein** unterhält in jedem größeren Ort ein Büro. Als Adresse reicht notfalls meist auch VVV + Ortsname und „Niederlande".

Stichting Landelijk Fietsplatform (nationale Fahrradplattform), Postbus 846, NL-3800 AV Amersfoort, ☏ 0031/33/4653656, www.fietsplatform.nl

Fietsersbond (nl. Radfahrerbund), Postbus 2828 (Balistraat 59), NL-3500 GV Utrecht, ☏ 0031/302/918171, www.fietsersbond.nl

Allgemeiner Deutscher Fahrrad-Club (ADFC), Postfach 107747, D-28077 Bremen, ✆ 0421/34629-0, Fax -50, www.adfc.de, kontakt@adfc.de

Anreise & Abreise mit dem Fahrrad

Die internationale North Sea Cycle Route schließt in Hoek van Holland von Harwich/GB kommend an und führt ab Nieuweschans durch Deutschland weiter (*bikeline*-Radtourenbuch Nordseeküsten-Radweg Teil 2: Nieuweschans – Hamburg). An unseren Ausgangspunkt Rotterdam können Sie auch entlang des Rheins radeln; hilfreich ist dabei das *bikeline*-Radtourenbuch Rhein-Radweg Teil 3: Mainz – Rotterdam.

Die älteren Wegepilze des ANWB tragen nur kleine Aufkleber der LF-Routen

Anreise & Abreise mit dem Auto

Die Anreise mit dem Auto nach Rotterdam gestaltet sich relativ einfach, da das Autobahnnetz in Deutschland und den Niederlanden sehr gut ausgebaut ist. Für die Anreise können Sie je nach Startort zirka zwischen 3 Stunden (Köln-Rotterdam) und 9 Stunden (Leipzig-Rotterdam) einplanen. Im Vergleich zur Bahn-Anreisezeit ist die Auto-Aneisezeit zirka 1-2 Stunden kürzer.

Wenn Sie ihr Auto in Rotterdam stehen lassen, dann können Sie vom Zielort mit der Bahn nach Rotterdam zurückfahren (vgl. auch Abreise mit der Bahn).

Anreise & Abreise mit dem Bus, Flugzeug

Die Anreise mit dem Flugzeug ist von Deutschland aus nach Rotterdam nicht empfehlenswert aufgrund der derzeit noch hohen Preise und da bei den meisten Verbindungen ein Umsteigen nicht zu vermeiden ist.

Eine Anreise mit dem Bus ist jedoch durchaus eine Alternative, da Rotterdam an das Busnetz der Eurolines angebunden ist. Über die genauen Fahrpläne und Preise informieren Sie sich am einfachsten über das Internet unter www.deutsche-touring.de oder telefonisch unter 0049/(0)1805/7903-03 (gebührenpflichtig € 0,12/min).

Anreise & Abreise mit der Bahn

Bahnauskünfte Deutschland:
Deutsche Bahn AG, www.bahn.de, **Radfahrer Hotline**, ✆ 01805/151415 (€ 0,12/Min.), ÖZ: tägl. 8-20 Uhr, Auskünfte zu Reiseverbindungen mit Fahrradmitnahme, Fahrradversand und Fahrradvermietung, **Reise-Service**, ✆ 11861 (€ 0,03/Sek., ab Weiterleitung zum ReiseService € 0,39/angef. Min.), tägl. 0-24 Uhr, Auskünfte zu Zugverbindungen, Fahrpreise, Fahrkartenbuchungen und -reservierungen. **Automatische DB-Fahrplanauskunft** ✆ 0800/1507090 (kostenfrei), alles auch online unter www.bahn.de.

Niederländische Eisenbahnen (NS): c/o Tourist Team GmbH, Postfach 1948, D-50209 Frechen, ✆ 02234/273035, www.ns.nl/reisinfo

Anreise: Die Anreise mit der Bahn von Deutschland nach Rotterdam ist relativ unproblematisch. Je nach Startort müssen Sie zwischen 3 Stunden (Köln-Rotterdam) und 10 Stunden (München-Rotterdam) rechnen, ein 2-3-maliges Umsteigen bleibt Ihnen nicht erspart. Wenn Sie nicht direkt in der Stadt Rotterdam mit dem Fahrrad losstarten möchten, dann können Sie von Rotterdam nach Hoek van Holland auch mit dem Zug weiterfahren. Diese reglemäßige Verbindung dauert noch mal eine halbe Stunde.

Abreise: Vom Grenzstädtchen Nieuweschans aus können Sie Ihren Startpunkt Rotterdam – sollten Sie z.B. Ihr Auto hier geparkt haben – in 3,5 Stunden und zweimaligem Umsteigen erreichen. Die Abreise mit der Bahn Richtung Deutschland ist von Leer unproblematisch, der Bahnhof ist gut ans nationale Bahnnetz angebunden. Aber auch die Abreise von Nieuweschans aus Richtung Deutschland ist möglich.

Fahrradtransport mit der Bahn

Fahrradmitnahme in Deutschland: Die direkte **Fahrradmitnahme** ist in allen Zügen der Deutschen Bahn möglich, die im Fahrplan mit dem Radsymbol gekennzeichnet sind, und in denen genügend Stellfläche vorhanden ist. Sie benötigen hierfür eine Fahrradkarte und für Fahrten in **Fernzügen** (IC, EC, NZ, EN, D, CNL) eine Stellplatzreservierung. Die Reservierung ist bei gleichzeitigem Kauf der Fahrradkarte kostenlos, ansonsten € 3,–. Bitte beachten Sie, dass besondere Fahrradtypen wie Tandems aus Kapazitätsgründen in den meisten Fernzügen, die die Bahn für die Fahrradmitnahme anbietet, nicht zugelassen sind. Zusammengeklappte und demontierte Fahrräder oder Anhänger können kostenlos als Handgepäck mitgenommen werden. Ansonsten benötigen Sie eine weitere Fahrradkarte für den Anhänger. Reisen Sie in einer größeren Gruppe oder während der Stoßzeiten, dann sollten Sie sich im Voraus nach den vorhandenen Plätzen erkundigen. Nähere Auskünfte und Reservierungen erhalten Sie über die Radfahrer Hotline.

Die **Fahrradkarte** ist deutschlandweit gültig und kostet in den Fernzügen € 8,–, Bahncardbesitzer zahlen € 6,–. In den Zügen des Nahverkehrs kostet die Mitnahme € 3,–, allerdings können hier in einzelnen Tarifverbünden abweichende Tarifbestimmungen gelten.

Die **grenzüberschreitende Fahrradmitnahme** ist leider nur in wenigen Zügen möglich; die internationale Fahrradkarte kostet etwa € 10,-. Die einfachste Alternative ist das Aussteigen vor der Grenze, hinüber radeln und am nächsten Bahnhof dahinter wieder Einsteigen.

Fahrradmitnahme in den Niederlanden: Hier können Sie Ihr Fahrrad problemlos mit fast jedem Zug transportieren, leider jedoch nicht zu jeder Tageszeit: An Wochentagen von 6.30-9 Uhr und 16.30-18 Uhr ist die Radmitnahme nicht möglich, außer in den Monaten Juli und August. Das Fahrradticket im Inland kostet etwa € 5,70.

Fahrradversand in Deutschland: Wenn Sie hier Ihr Fahrrad im Voraus als Reisegepäck verschicken wollen, wird dieses über den **Hermesversand**, ✆ 0900/1311211 (€ 0,60/Min.), abgewickelt. Der Versand wird entweder im Zusammenhang mit einer Bahnfahrt durchgeführt oder als eigener Transport – die Abwicklung erfolgt gleich, die Kosten unterscheiden sich jedoch. Der Transport in Verbindung mit dem Kauf einer Bahnfahrkarte (KurierGepäckTicket) kostet im Inland jeweils € 24,10 (für die ersten beiden Fahrräder), € 18,10 (für das dritte und vierte Fahrrad). Wenn Sie das Fahrrad mit dem Hermes-Versand als Privatkunde, also unabhängig von einem Bahnticket verschicken möchten, dann kostet der Versand € 39,90. Für das Versenden von Fahrrädern besteht Verpackungspflicht. Verpackungen werden auf Bestellung zum Preis von € 5,90 mitgeliefert. Die Zustellung dauert zwei Werktage. Der Fahrradversand erfolgt nur von Haus zu Haus, d. h. Sie benötigen sowohl für die Abholung als auch für die Zustellung eine Privatadresse. Falls Sie keine Privatadresse für die Zustellung am Zielort angeben können, dann versuchen Sie es über eine private Fahrradstation vor Ort. Die genauen Zustellzeiten und aktuellsten Preise erfahren Sie auch im Internet unter www.hermes-logistik-gruppe.de unter der Rubrik Paketservice.

Fahrradversand in den Niederlanden: Eine Voraussendung des Fahrrades als Reisegepäck ist in den Niederlanden nicht möglich.

Fahrradverleih am Bahnhof

An rund 80 Bahnhöfen können Sie Fahrräder direkt am Bahnschalter mieten. Sie zahlen pro Tag derzeit um die € 5,- oder pro Woche ab € 19,–. Zudem benötigen Sie einen Lichtbildausweis und müssen zwischen € 23,- und € 45,- Kaution hinterlegen (Tandem € 136,13) sowie ein Versicherungsgebühr von € 0,50. Es empfiehlt sich, schon im Voraus zu reservieren. Die Telefonnummern der Bahnhöfe mit Fahrradvermietung finden Sie bei den jeweiligen Orten: Rotterdam, Maassluis, Den Haag, Haarlem, Beverwijk, Castricum, Den Helder und Harlingen.

Rad & Schiff

Auf praktisch allen Fähren in den Niederlanden ist die Fahrradmitnahme ohne Anmeldung problemlos möglich. Lediglich das kleine Boot, das im Sommer Texels Nordspitze mit Vlieland verbindet, fährt in der Nebensaison nicht täglich, in der Hauptsaison 3 mal, ist aber wetterabhängig und sollte unbedingt mindestens 1-2 Tage im Voraus gebucht werden: Infos beim Paviljoen Vliezicht, Paal 33, De Cocksdorp (Texel), ✆ 0031/222/316451. (www.waddenveer.nl). Fährpreis (inkl. notwendigem LKW-Transport bis zum Posthuis auf Vlieland): pro Strecke € 11,50; Fahrrad € 6,00. (Genaue Informationen s. Datenblock De Cocksdorp, S. 86).

Alle Fährhäfen zu den Watteninseln liegen direkt am Nordseeküsten-Radweg.

Informationen zum **"Watthüpfen"** zwischen den Westfriesischen Inseln bekommen Sie bei Waddentrek, Oude Nieuwveenseweg 11, Nieuwveen, ✆ 0031/172/536883.

Zum Anschluss an den englischen Abschnitt der North Sea Cycle Route empfehlen sich die Fähren der Stena Line (www.stenaline.com, ✆ 0049/211/90550), die zwischen Harwich und Hoek van Holland verkehren. P&O North Sea Ferries bringen Sie vom Hafen Rotterdam (Rozenburg) nach Hull bzw. retour (www.ponsf.com, ✆ 0049/69/95885800). Bereits fast direkt an der schottischen Grenze liegt das nordenglische Newcastle, das die Schiffe der DFDS Seaways (www.dfdsseaways.com, ✆ 0049/40/389030) von IJmuiden aus ansteuern.

Übernachtung

Da die holländische Küste im Sommer eine äußerst beliebte Urlaubsregion ist, empfehlen wir Ihnen für Juli und August eine Vorbuchung der Quartiere, ebenso für die Zeit der Tulpenblüte Ende Mai/Anfang Juni. Das gilt auch für die zahlreichen und in den Niederlanden nicht ohne Grund sehr beliebten Campingplätze. An der Wattenmeerküste Frieslands und Groningens herrscht zwar weniger Andrang, allerdings ist auch das Übernachtungsangebot deutlich spärlicher. Zusätzlich zu unserem umfangreichen Übernachtungsverzeichnis am Ende diese Buches erhalten Sie von folgenden Organisationen weitere Informationen:

Vrienden op de Fiets („Freunde auf dem Rad"), Brahmsstraat 19, NL-6904 DA Zevenaar, ✆ 0031/361/524448, www.vriendenopdefiets.nl.
Als Mitglied (kostet etwa € 6,-) erhalten Sie ein Buch mit gut 1700 Adressen günstiger, familiärer Übernachtungsmöglichkeiten (etwa € 15,- pro Nacht und Person).

Stichting Trekkershutten Nederland, Ruigeweg 49, NL-1752 HC Sint Maartensbrug, ✆ 0031/224/563345, www.trekkershutten.nl, (einfache Hütten zum Kochen und Schlafen für Radler und Wanderer auf über 250 Campingplätzen).

Stichting Natuurkampeerterreinen (Naturcampingplätze), Postbus 413, NL-3430 AK Nieuwegein, ✆ 0031/30/6033701

← Campingführer

(Di-Fr 10.30-12.30 Uhr),
www.natuurkampeerterreinen.nl.
NJHC (Niederl. Jugendherbergen), Prof. Tulpstraat 2, NL-1018 HA Amsterdam, ✆ 0031/20/5513155, www.njhc.org.
De Pronkkamer, Strandweg 1, NL-9976 VS Lauwersoog, ✆ 0031/519/349473, www.leader2.nl (einzigartige Übernachtungsquartiere in herrschaftlichen Prunkzimmern am gesamten friesischen und Groninger Wattenmeer).

Mit Kindern unterwegs

Grundsätzlich ist die Tour auf dem niederländischen Nordseeküsten-Radweg sehr kinder- und familienfreundlich. Das einzige Problem für Kinder könnte der starke Wind sein, dem Sie in den Dünen und auf den Deichen ausgesetzt sind – er weht in der allermeisten Zeit jedoch aus West oder sogar Südwest und demnach von hinten. Die Route ist für Kinder ab 8-10 Jahren leicht zu bewältigen, denn sie verläuft eben. Überfordern Sie aber Ihre Kinder nicht, planen Sie genügend Pausen mit ein.
Die Strecke mit dem Kinderanhänger zu fahren ist auch kein Problem, denn die Radwege sind breit genug und die Straßen nicht allzu stark befahren. Kinder von neun bis dreizehn Jahren schaffen je nach Fitness durchaus auch Etappen zwischen 30 und 50 Kilometern. Um dem Kind unnötige Mühsal zu ersparen, sollte das Kinderfahrrad im Qualitätsstandard zumindest Ihrem eigenen Fahrrad entsprechen. Egal, ob Sie mit kleinen oder größeren Kindern unterwegs sind: Lassen Sie sich Zeit.

Das Rad für die Tour

Außer dem manchmal etwas holprigen Ziegelsteinpflaster stellt der Nordseeküsten-Radweg keine besonderen Ansprüche an Ihr Rad. Die Route kann problemlos auch mit einem Rennrad gefahren werden, denn unbefestigte Wegstücke kommen nur ganz selten vor und können leicht umfahren werden.
Den besten Komfort bieten Reiseräder mit einer auf Ihre Körpergröße abgestimmten Rahmenhöhe. Diese Räder gewährleisten auch bei großer Beladung des Rades einen ruhigen Lauf und sind mit sehr guten Bremsen, einer Schaltung mit einem großen Übersetzungsbereich und stabilen Gepäckträgern vorne und hinten zur gleichmäßigeren Gewichtsverteilung ausgestattet. Auch ein stabiler Fahrradständer ist wichtig, vor allem wenn Sie Gepäck auf dem Fahrrad mitführen.
Es kann manchmal nerven-aufreibend werden, wenn beim Abstellen des Fahrrades immer die Gefahr des Umkippens besteht.
Für einen unbeschwerten Radurlaub sollte auf jeden Fall ein Fahrradcheck vor der Tour erfolgen. Versuchen Sie vor der Abreise eine bequeme Sitzposition auf Ihrem Rad zu finden, wobei Sie dem Sattel besonderes Augenmerk schenken sollten. Bei richtiger Sattelneigung und Sitzposition können schmerzvolle Erfahrungen vermieden werden.
Sie sollten die Bereifung der Tour entsprechend anpassen. Je mehr unbefestigte Wege zu bewältigen sind, desto breiter und profilierter sollte die Bereifung ausfallen. Viele asphaltierte Strecken erlauben hingegen auch schmalere Reifen. Hinweise zur Oberfläche der Wege und zu den Steigungen finden Sie in diesem bikeline-Radtourenbuch in der Einleitung und auf den Abschnittsseiten.
Auch einen Kartenhalter oder eine Lenkertasche werden Sie auf Ihrer Tour sehr gut brauchen können. Wasserdichte und somit auch staubdichte Hinterradtaschen mit einem unkomplizierten Befestigungssystem erweisen sich bei längerer Fahrt als zweckmäßig. Achten Sie auch auf genügend Möglichkeiten Trinkflaschen an Ihrem Rad zu befestigen.

Zu diesem Buch

Und da selbst das beste Fahrrad vor Pannen nicht gefeit ist, empfiehlt es sich, immer eine kleine Fahrradapotheke mit zu führen. Eine Grundausstattung an Werkzeug und Zubehör sollte folgende Teile beinhalten: Ersatzschlauch und/oder Flickzeug, Kompaktwerkzeug, Luftpumpe, Brems- und Schaltseil, Öl, Ersatzkettenniete, und einen Putzlappen.

Details zu all diesen Fragen klären Sie am besten mit Ihrem Fahrradhändler und überlassen das Service im Zweifelsfall dem Profi. Allgemeine Infos rund um das Fahrrad finden Sie auf diversen Seiten im Internet (z. B. www.adfc.de/142_1, www.adfc.de/1665_1, www.bikeboard.at, sowie bei Ihrem örtlichen Fahrradverein..

Weitere bikeline-Titel in der Region

Der holländische Nordseeküsten-Radweg kann mit zahlreichen anderen Radfernwegen verknüpft werden, zu denen es auch Radtourenbücher aus der bikeline-Serie gibt: Rhein-Radweg Teil 3, Rund ums Ijsselmeer, Internationale Dollard-Route, Fehnroute, Ems-Radweg und natürlich die weiterführenden Nordseeküsten-Radwege Teil 2 (Niedersachsen), Teil 3 (Schleswig-Holstein), Teil 4 Dänemark.

Dieser Radreiseführer enthält alle Informationen, die Sie für den Radurlaub entlang der niederländischen Nordseeküste benötigen: Exakte Karten, eine detaillierte Streckenbeschreibung, ein ausführliches Übernachtungsverzeichnis, Stadt- und Ortspläne und die wichtigsten Informationen zu touristischen Attraktionen und Sehenswürdigkeiten.

Und das alles mit der *bikeline*-Garantie: die Routen in unseren Büchern sind von unserem professionellen Redaktionsteam vor Ort auf seine Fahrradtauglichkeit geprüft worden. Um höchste Aktualität zu gewährleisten nehmen wir nach der Befahrung Korrekturen von Lesern bzw. offiziellen Stellen bis Redaktionsschluss an, die dann teilweise nicht mehr an Ort und Stelle verifiziert werden können.

Die Karten

Eine Übersicht über die geographische Lage des in diesem Buch behandelten Gebietes gibt Ihnen die Übersichtskarte auf der vorderen inneren Umschlagseite. Hier sind auch die Blattschnitte der einzelnen Detailkarten eingetragen.

Diese Detailkarten sind im Maßstab 1 : 75.000 erstellt. Dies bedeutet, dass 1 Zentimeter auf der Karte einer Strecke von 750 Metern in der Natur entspricht. Zusätzlich zum genauen Routenverlauf informieren die Karten auch über die Beschaffenheit des Bodenbelages (befestigt oder unbefestigt), Steigungen (leicht oder stark), Entfernungen sowie über kulturelle und gastronomische Einrichtungen entlang der Strecke. Durch Rundung der Kilometerangaben auf halbe Kilometer, können Differenzen zu den tatsächlich gefahrenen Kilometern entstehen.

Allerdings können selbst die genauesten Karten den Blick auf die Wegbeschreibung nicht ersetzen. Komplizierte Stellen werden in der Karte mit diesem Symbol ⚠ gekennzeichnet, im Text finden Sie das gleiche Zeichen zur Kennzeichnung der betreffenden Stelle wieder. Beachten Sie, dass die empfohlene Hauptroute immer in Rot und Violett, Varianten und Ausflüge hingegen in Orange dargestellt sind. Die genaue Bedeutung der einzelnen Symbole wird in der Legende auf Seite 4 und 5 erläutert.

Der Text

Der Textteil besteht im Wesentlichen aus der genauen Streckenbeschreibung, welche die empfohlene Hauptroute enthält. Stichwortartige Streckeninformationen werden, zum leichteren Auffinden, von dem Zeichen ~ begleitet.

Unterbrochen wird dieser Text gegebenenfalls durch orangefarbige Absätze, die Varianten und Ausflüge behandeln.

Ferner sind alle wichtigen **Orte** zur besseren Orientierung aus dem Text hervorgehoben. Gibt es interessante Sehenswürdigkeiten in einem Ort, so finden Sie unter dem Ortsbalken die jeweiligen Adressen, Telefonnummern und Öffnungszeiten.

Die Beschreibung der einzelnen Orte sowie historisch, kulturell oder naturkundlich interessanter Gegebenheiten entlang der Route tragen zu einem abgerundeten Reiseerlebnis bei. Diese Textblöcke sind kursiv gesetzt und unterscheiden sich dadurch auch optisch von der Streckenbeschreibung.

Textabschnitte in Violett heben Stellen hervor, an denen Sie Entscheidungen über Ihre weitere Fahrstrecke treffen müssen z. B. wenn die Streckenführung von der Wegweisung abweicht, oder mehrere Varianten zur Auswahl stehen u. ä.

Sie weisen auch auf Ausflugstipps, interessante Sehenswürdigkeiten oder Freizeitaktivitäten etwas abseits der Route hin.

Übernachtungsverzeichnis

Auf den letzten Seiten dieses Radtourenbuches finden Sie zu fast allen Orten entlang der Strecke eine Vielzahl von Übernachtungsmöglichkeiten vom einfachen Zeltplatz bis zum 5-Sterne-Hotel.

Von Rotterdam nach Zandvoort

86 km

Bevor Sie das offenen Meer erwartet, fahren Sie von Rotterdam entlang der Neuen Maas hinaus an die Küste, linker Hand der größte Hafen Europas am anderen Ufer. Ab Hoek van Holland, wo die Fähren nach England gehen, radeln Sie entlang der schmalen Dünen oberhalb der „Landschaft unter Glas" durch's Westland. Die noblen Wohngebiete zwischen Scheveningen und Den Haag sind bald erreicht. Nach einem interessanten Abstecher in die Stadt des Regierungssitzes geht es durch die großen Dünengebiete mit ihren weiten Stränden, unterbrochen von den quirligen Badeorten Katwijk, Noordwijk und Zandvoort. Bis hinein nach Haarlem bringt Sie ein Ausflug.

Die meist frei geführten Radwege der Nordsee-Route (LF1b) lassen Ihnen auch im dicht besiedelten (Urlaubs)gebiet genug Ruhe. Im Autoverkehr brauchen Sie in Holland so gut wie nie zu fahren; entlang der Straßen gibt es überall Radwege.

Rotterdam

Vorwahl: 010

- **VVV/ANWB-Rotterdam**, Coolsingel 67, 3012 AC Rotterdam, ✆ 4140000 od. 0900-4034065

- Die **Fähre Rotterdam-Hull** (GB) startet in Rozenburg, das Sie auf dem Nordseeküsten-Radweg von Maassluis aus erreichen. P&O North Sea Ferries, Beneluxhaven, Havennummer 5805, Rotterdam/Europoort, 3180 AC Rozenburg, ✆ 255555 od. 255567.

- **Schwimmendes Pfannkuchenrestaurant** (Pannekoekenboot), Tourstart am Parkhaven (Nähe Euromast), ✆ 4367395. Lukullische Variante der Hafenbesichtigung.

- **Museum Boymans-van Beuningen**, Museumspark 18-20, ✆ 4419275, ÖZ: Di-Sa 10-17 Uhr, So 11-17 Uhr. Alte Malerei mit den Werken alter niederländischer Meister wie Van Eyck; Moderne Kunst mit den Surrealisten Magritte und Dali; Kunstgewerbe und Design mit vorindustriellen Gegenständen, aber auch mit Industriedesign; Grafik und Zeichnungen mit einzigartigem Kupferstichkabinett.

- **Maritiem Museum Prins Hendrik**, Leuvehaven 1, ✆ 4132680, ÖZ: Di-Sa 10-17 Uhr, So 11-17 Uhr. Geschichte und Gegenwart des Rotterdamer Hafens und der Schifffahrt. Ein rekonstruiertes

Kriegsschiff der Royal Dutch Navy aus 1868 macht das Erfahrene greifbar.

- **Maritiem Buitenmuseum Leuvehaven**, Leuvehaven 50/72, entlang des Schiedamsedijk, ✆ 4048072, ÖZ: Mo-Fr 10-16.30 Uhr, Sa, So 12-16 Uhr. Die Schau im Freilichtmuseum veranschaulicht Schiffsbau, Schifffahrt, Verladung und Kommunikation im historischen Hafen (Führungen auch auf deutsch, Eintritt frei).

- **Wereldmuseum Rotterdam**, Willemskade 25, ✆ 4111055, ÖZ: Di-So 10-17 Uhr. Kunst und Handwerk von Gegenständen des Alltags bis zu rituellen Objekten aus allen nichteuropäischen Teilen der Welt. Das hier befindliche Äquator-Theater führt in die Gegenwartskultur dieser Länder ein.

- **Museum „De Dubbelde Palmboom"**, Voorhaven 12, OT Delfshaven, ✆ 4761533, ÖZ: Di-Fr 10-17 Uhr, Sa, So 11-17 Uhr. In einem Kaufhaus aus dem 19. Jh. werden Wohnen und Arbeiten im Maasdelta seit „prähistorischen" Zeiten, die Entwicklung vom traditionellen Handwerk bis zur industriellen Fertigung präsentiert (Texte u. Führungen auch auf deutsch).

- **Museum des Steuerwesens** (Belasting- & Douanemuseum), Parklaan 14, ✆ 4400320, ÖZ: Di-So 11-17 Uhr. Die seltene Sammlung wartet mit allen Arten von historischen Gegenständen im Zusammenhang mit der niederländischen Staatsfinanzierung und dem Schleichhandel auf und beleuchtet damit die Geschichte aus fiskalischer Sicht (Eintritt frei).

- **Nationaal Schoolmuseum**, Nieuwe Markt 1a, ✆ 4045425, ÖZ: Di-Sa 10-17 Uhr, So 13-17 Uhr. Die Geschichte der Erziehung vom Mittelalter bis 1960 (Führungen auch auf deutsch).

- **Delfshaven**. Der 1886 eingemeindete Ortsteil südöstlich des Hauptbahnhofs ist der einzige, dessen historische Bausubstanz das deutsche Bombardement überstanden hat. Der namensgebende Hafen entstand bereits 1389 an der Mündung der Delftse Schie als Vorhafen von Delft.

- **Hier**, Voorstraat 13-15, ✆ 4772664, liegt auch das Zakkendragershuisje (Säckeschlepperhaus) aus dem späten 17. Jh. ÖZ: Di-Sa 10-17 Uhr, So 13-17 Uhr.

- **Het Witte Huis**, Wijnhaven/Gelderse Kade. Mit seinen 45 m Höhe war dieses Weiße Haus 1898 der erste Wolkenkratzer Europas.

- **Euromast & Spacetower**, Parkhaven 20, ✆ 4364811, ÖZ: April-Sept., Mo-So 10-19 Uhr, Juli-Aug., Di-Sa auch bis 22.30 Uhr; Okt.-März, Mo-So 10-17 Uhr. Aus der Höhe von 100 m (Restaurant) bzw. 185 Metern (Spitze) bietet sich eine einmalige Sicht über die Stadt, den Hafen und einen Teil Südhollands.

- **Kijk-Kubus**, Overblaak 70, ✆ 4142285, ÖZ: März-Dez., Mo-So 11-17 Uhr, Jan.-Febr., Fr-So 11-17 Uhr. Fotos und Filme dokumentieren die Entstehung (1978-84), die komplette Einrichtung, das Wohngefühl im auf der Spitze stehenden Wohn-Würfel von Piet Blom.

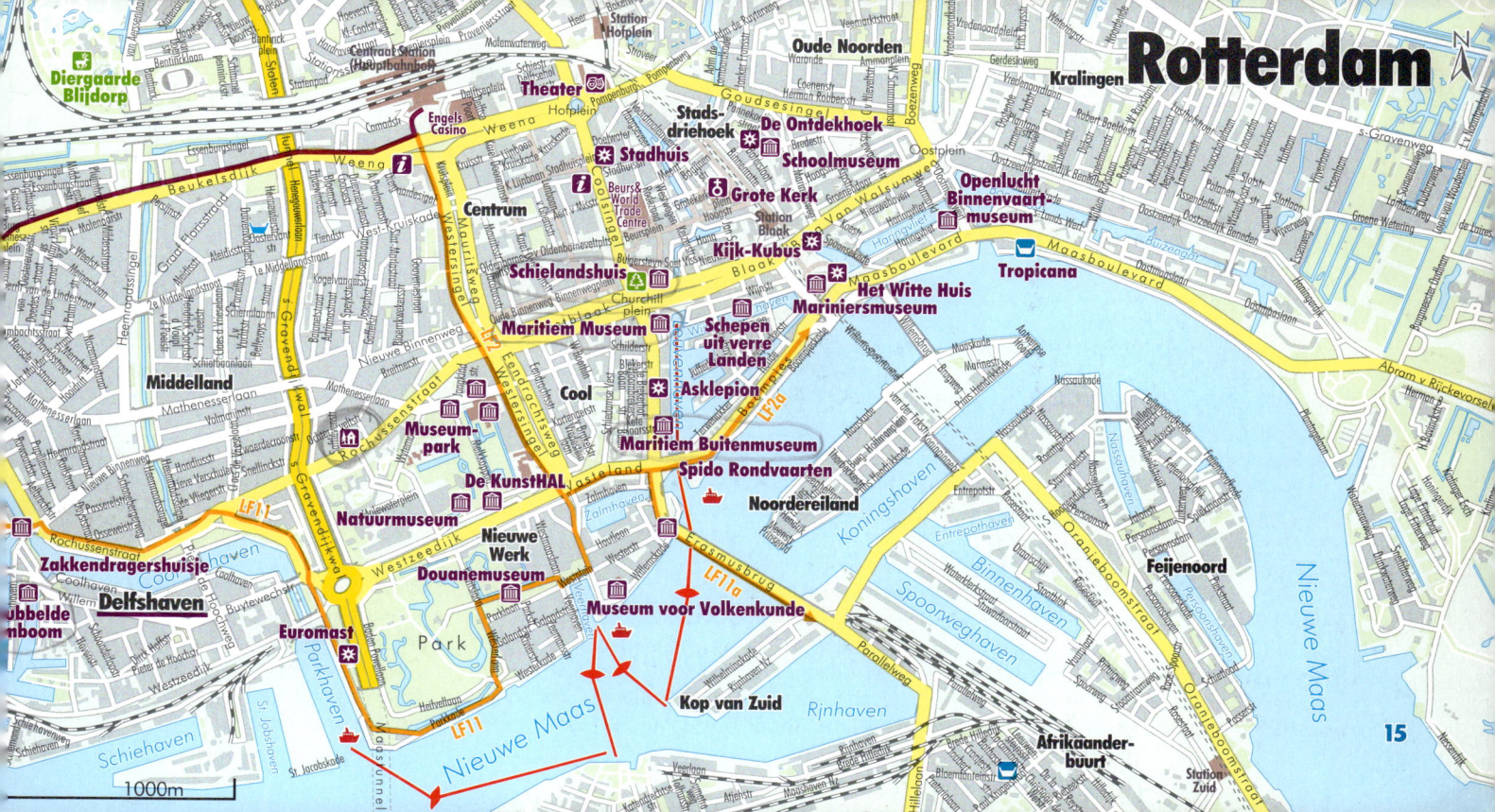

⛪ **Grote oder St. Laurenskerk**, Grote Kerkplein 27. ÖZ: Di-Sa 10-16 Uhr, Okt.-Mai, Do geschl. Der Turm der spätgotischen Basilika, deren Schiff seit 1945 großteils wieder aufgebaut werden konnte, neigt sich zurzeit immer bedrohlicher. (Eintritt frei)

🐾 **Diergaarde Blijdorp (Zoo)**, Van Aerssenlaan 49, ✆ 4431431, ÖZ: April-Sept., Mo-So 9-18 Uhr, Okt.-März, Mo-So 9-17 Uhr. Im Tierpark werden die Tiere so weit wie möglich in ihrer natürlichen Umgebung gehalten. Neue Einrichtungen sind das „Tal der Wölfe", ein Wald extra für den Amurischen Panther sowie „Tama Indah", eine Tropenwaldhalle für eine Herde Indischer Elefanten.

✴ **Hafenrundfahrten „Spido Rondvaarten"**, Leuvehoofd, ✆ 2759988. Neben den Werften, Docks, Kais und Lagerhäusern des Welthafens wird auch die weitere Umgebung von Rotterdam mit ihren zahlreichen Wasserwegen erkundet.

🚲 **Stationsrijwielstalling** (Fahrradgeschäft am Hauptbahnhof Rotterdam CS), ✆ 4126320

Rotterdam lebte als kleine Hafenstadt lange im Schatten von Brielle, Dordrecht und Amsterdam. Erst die Aufnahme von Flüchtlingen aus Antwerpen im Jahre 1585 und von französischen Hugenotten 1685 brachte neue wirtschaftliche Impulse. Im hier „golden" genannten 17. Jahrhundert entwickelte sich

die Stadt an der Rotte zur zweiten Hafen- und Handelsstadt der Niederlande. Wegen der dauernden Versandung und im Interesse eines weiteren Aufschwunges griff man in der zweiten Hälfte des 19. Jahrhunderts zu einer radikalen Maßnahme: Mit dem 30 Kilometer langen Kanal des „Neuen Wasserweges" (Nieuwe Waterweg) durch die Dünen von Hoek van Holland wurde eine Verkürzung der Maasmündung erreicht. Zu dieser Zeit blühten das Ruhrgebiet, das Rhein-Main-Gebiet und der Rhein-Neckar-Raum auf, die im Hafen von Rotterdam bis heute den Umschlagplatz für ihre Seeschifffahrt finden. Schließlich wurde die Stadt 1962 zum größten Hafen der Welt. Nach Kriegsende ließ eine vorzügliche Stadtplanung in damals modernsten Bauformen eine City entstehen, deren Architektur auch heute noch zukunftsweisend genannt werden kann – Anderes blieb den Stadtvätern nach einer fast totalen Zerstörung durch deutsche Bomber auch kaum übrig.

Von Rotterdam nach Maassluis   17,5 km

Tipp: Unsere empfohlene Hauptroute beginnt bereits in Rotterdam, der zweitgrößten Stadt der Niederlande, am Hauptbahnhof. Von Deutschland kommend müssen Sie hier sowieso auf dem Weg nach Hoek van Holland umsteigen. Auf die internationale North Sea Cycle Route treffen Sie dann am Hafen von Hoek v. H., wo die Fähren von Harwich/GB anlegen.

Vom **Hauptbahnhof** rechtshaltend den Bahnhofsvorplatz der Centraal Station Rotterdam umfahren (Vorsicht bei Querung der Straßenbahngleise) ↪ rechts ab auf die Straße **Weena**, hier empfängt Sie bereits die Zielwegweisung für Radfahrer (rot auf weiß) in Richtung Schiedam und Hoek van Holland.

Tipp: Geradeaus gelangen Sie ins Zentrum von Rotterdam, wo folgende Routenvariante beschildert ist (s. Stadtplan S. 15):

Variante durch das Zentrum

Mit der LF-Route 2a, der Stedenroute, über den **Kruisplein** und entlang der Straße **Westersingel** ∾ hinter der Kunsthalle über die große Kreuzung weiter geradeaus, nun mit der **LF 11b**, der **Prinsenroute** ∾ vor dem Veerhaven rechts (**Westplein**), nochmal rechts, dann links (**Westerlaan**) ∾ am Park entlang ∾ vor der **Neuen Maas** im Rechtsbogen (**Parkkade**) und vor dem Parkhaven weiter herum ∾ am **Euromast** vorbei immer am **Coolhaven** entlang ∾ im Linksbogen auf der **Rochussenstraat** weiter ∾ wo von rechts der Nieuwe Binnenweg kreuzt, wechseln Sie nach links über die Gracht. Linker Hand liegt das erhalten gebliebene, historische Viertel **Delfshaven** ∾ halbrechts dem **Schiedamseweg** folgen, auf den auch die direkte Hauptroute mündet.

Auf dem Radweg weiter auf die Straße **Beukelsdijk** ∾ etwa 2 Kilometer vom Bahnhof entfernt am **Burgermeester-Meineszplein**, wo der Autobahnwegweiser rechts auf den Ring weist, halblinks auf den Radweg der **Van Cittersstraat** ∾ geradeaus über die große Kreuzung in den Radweg am **Mathenesserweg** ∾ halbrechts halten und an der großen Straßenbahnhaltestelle am **Marconiplein** vorbei ∾ erneut über eine Brücke.

Tipp: Hier mündet von links die Variante ein, zusammen mit der grün auf weiß beschilderten Prinsenroute LF 11b.

Weiter auf dem Radweg am erhöhten **Schiedamseweg**, der auf Schiedamer Seite in den **Rotterdamsedijk** übergeht; links tauchen die ersten Hafenkräne auf.

Am Ende dieser Straße biegt die Straßenbahn am **Koemarkt** rechts in die Straße **Broersvest** ein, Sie halten sich aber halblinks in die **Oranje Straat** ∾ rechter Hand liegt nun das historische Zentrum von **Schiedam**, das mit deutlich mehr alter Bausubstanz aufwartet als das im Zweiten Weltkrieg zerbombte Rotterdam.

Tipp: Beschildert führt Sie die LF 11 durch's Zentrum von Schiedam und hinüber nach Vlaardingen (orangefarbene Nebenroute in Karte und Stadtplan).

Schiedam
Vorwahl: 010

🛈 **VVV Schiedam**, Buitenhovenweg 9, 3113 BC Schiedam, ✆ 4733000

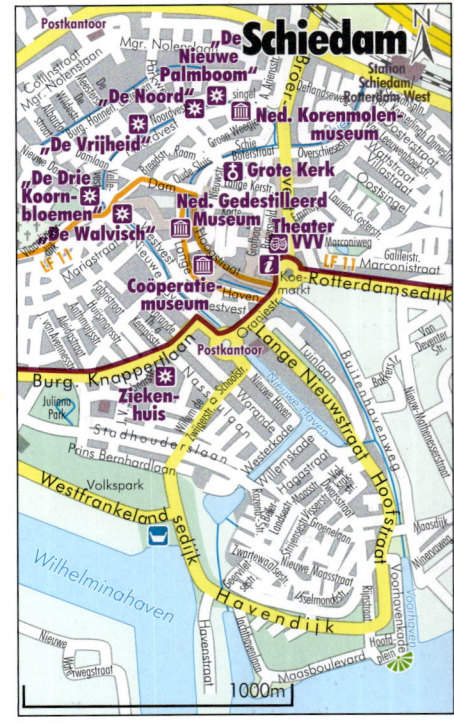

🏛 **Nederlands Gedestilleerd Museum De Gekroonde Brandersketel**, Lange Haven 74-76, ✆ 4261291. ÖZ: Di-Sa 11-17 Uhr, So 12.30-17 Uhr. Genießen Sie nach einem Rundgang durchs städtische **Branntweinmuseum** doch einen Schluck des niederländischen Nationalgetränks: nach Geschmack dunklen Oude oder klaren Jonge Genever.

🏛 **Nederlands Malend Korenmolenmuseum** („malende Kornmühle") **de Nieuwe Palmboom**, Noordvest 34, ✆ 4267625.

🏛 **Stedelijk Museum**, Hoogstraat 112, ✆ 2463666. Lokale Geschichte und aktuelle Kunst.

⛪ St. Janskerk (14. Jh.)

✳ **Korenbeurs** (Kornbörse)

Wie fast alle Orte hier am alten Maasufer, so ging auch Schiedam aus einer mittelalterlichen Fischersiedlung hervor. Mittlerweile ist es mit seinen beiden Nachbarorten zusammengewachsen. Die (ehemaligen) Brennereien, Packhäuser und reichen Wohnhäuser im Zentrum erinnern an die berühmte Genever-Brennerei. Zu dieser Zeit wurden auch die 5 höchsten Windmühlen der Welt(!) hier erbaut.

Auf der **Oranje Straat** kreuzen Sie zwei Grachten und halten sich am Kreisverkehr hinter dem neuen Hafen kurz rechts ∼ wenig später geht es mit der Hauptstraße (**Burg.-Knappertlaan**) nach links wieder von der Gracht weg ∼ geradeaus über den Kreisverkehr **Rubensplein** ∼ am Rand von Schiedam öffnet sich nach links der Blick auf die Werftanlagen, die Wegweisung nach Vlaardingen folgend geradeaus am **Vlaardingerdijk** entlang und unter dem modernen Brückenkomplex von Straßen- und Autobahn hindurch.

Vor der Eisenbahnlinie und dem **Bahnhof Vlaardingen-Oost** beschreibt die Straße einen Linksbogen ∼ dann ein Stück bahnparallel am **Schiedijk**.

19

Vlaardingen: Oude Haven

Bald rechts über die Gleise ~ geradeaus über den **Spoorsingel** hinweg ins Wohngebiet ~ an der zweiten Möglichkeit links in die **2e Van Leyden-Gaelstraat** ~ den **Binnensingel** kreuzend geradeaus in den Radweg der **1e Van Leyden Gaelstraat** ~ an ihrem Ende, beim Alten Hafen (**Oude Haven**) ins Zentrum von Vlaardingen.

Vlaardingen
Vorwahl: 010
- **VVV Vlaardingen**, Westhavenhade 39, 3131 AD Vlaardingen, ☏ 4346266
- **Fischereimuseum** (Visserij-) im **Huis met den Lindenboom** (1742), Westhavenkade 53-54, ☏ 4348722. ÖZ: Di-Fr 10-17 Uhr, Sa-So 12-17 Uhr. Mit Dioramen, Schiffsmodellen und einer Fachbibliothek wird die Fischereigeschichte erklärt. Lebendig wird sie mit Nordseeaquarien und sogar einem Haifischbecken.
- **Muziekmuseum van Ton Stolk**, Westhavenkade 45, ☏ 4347240, ÖZ: Mo-Fr 10-12 Uhr. Über 700 verschiedene Musikinstrumente aus aller Welt stellt der Sammler im alten Reederhaus (18. Jh.) aus.
- **Grote Kerk**, Markt. Der Turm der spätromanischen Kreuzkirche drohte im 18. Jh. – wie heute die Grote Kerk von Rotterdam – im Sumpf zu versacken und wurde von David van Stolk 1742 neu errichtet.
- **Stadhuis**, Markt 11, ☏ 4455200, ÖZ: nur n. V. Renaissancebau aus 1650. In der Halle befindet sich ein Turmuhrwerk samt Glocke von 1570.
- **Visbank**, Westhavenplaats 37. Bis ins letzte Jh. fanden in und vor diesem schlanken Gebäude die Fischauktionen statt.
- **Vleeshallen**, Markt. Die alten Fleischhallen wurden zur besseren Preisbildung an meist vier verschiedene Metzger vermietet, die dann konkurrierten.

Seit dem frühen 8. Jahrhundert siedeln hier Kaufleute und Seefahrer, seit 1273 haben sie Stadtrechte. Doch Hauptwirtschaftszweig war lange Jahre die Fischerei, wovon die alte Visbank zeugt. Die günstige Lage der Stadt am Westrand Rotterdams sorgte für die weitere Entwicklung von Schifffahrt und Handel zu einem heute bedeutenden Industrie- und Handelszentrum.

Vom Alten Hafen aus folgen Sie nicht weiter der grünen Wegweisung der LF-Route 11b, die rechter Hand wegführt, sondern halten sich geradeaus in den rot auf weiß beschilderten **Parallelweg** Richtung Maassluis und Hoek van Holland.

Tipp: Als schöne Variante führt Sie die Maas- en Vestingroute LF12b nach rechts und im Bogen durch das historische Zentrum von Vlaardingen zurück an den Maasdijk.

Am Ende des Parallelwegs links ab über die Bahnlinie auf den Radweg am **Maasdijk** ~ wenig später auf die linke Straßenseite ~ an einem Parkplatz verlässt der asphaltierte Radweg (wieder LF 12b) die Straße nach links in das Wäldchen **De Lickebaert** hinein ~ nach einem Kilometer direkt ans Ufer.

Der „Nieuwe Waterweg" und seine „Stormvloetkering"

Der „Neue Wasserweg" wurde nach langsamer Versandung des Brielse Zeegat um 1872 gebaut, um Rotterdam wieder direkten Zugang zum Meer zu verschaffen. Heute ist diese künstlich gegrabene Wasserstraße, eine

Die Stormvloetkering im Nieuwe Waterweg

Verlegung der Maasmündung, für die größten Überseeschiffe zu befahren und mit gut 40.000 Passagen im Jahr das Rückgrat des gesamten Rotterdamer Hafens. Mit seiner Öffnung zur Nordsee stieg die Sturmflutgefahr für das gesamte Delta, so dass hier sämtliche Flussdeiche erhöht werden mussten. Trotzdem, so berechnete man später, waren sie immer noch zu niedrig. 1999 wurde deshalb ein hypermodernes Sturmflutwehr, die Maeslantkering eingeweiht: Zwei halbkreisförmige Segmente können bei extremem Hochwasser mittels gigantischer Scharniere vom Ufer in den Wasserweg gedreht werden. Sie schließen damit allerdings auch den weltgrößten Hafen völlig ab. Dessen Betreiber wollen nun doch lieber die Deiche weiter erhöhen und die „Stormvloetkering" so selten wie möglich einsetzen.

Nun auf dem **Oeverbospad** bis zum **Fähranleger** von **Maassluis** hinüber.

Tipp: Hier kommt von Süden die LF-Route 1b, die Noordzeeroute, die von nun an bis Callantsoog in Nordholland Ihr wegweisender Begleiter bleibt. Ein Abstecher zum anderen Ufer über Rozenburg nach Brielle (etwa 8 km) lohnt sich. Die Strecke ist so gut beschildert (LF 1a), dass keine textliche Beschreibung nötig ist.

Rozenburg
Vorwahl: 0181

🚢 **Fähre Rotterdam (Rozenburg)-Hull (GB)**, P&O North Sea Ferries, Beneluxhaven, Havennummer 5805, Rotterdam/Europoort, 3180 AC Rozenburg, ✆ 255555 od. 255567

Brielle
Vorwahl: 0181

ℹ **VVV Brielle**, Markt 1, 3231 AH Brielle, ✆ 482749

🏛 **Historisch Museum Den Briel**, Markt 1, ✆ 475475, ÖZ: Di-Sa 10-16 Uhr, So 13-17 Uhr. Das Museum im Gebäude der alten Stadtwaage von 1623 zeigt neben der stadtgeschichtlichen Sammlung eine Ausstellung über den Seehelden Maarten Tromp.

⛪ **Grote oder St. Catharijnekerk**, St. Catharijnehof, ÖZ: Juli-Aug. Mo-Fr 10-12 Uhr und 13.30-16 Uhr, Sa 13.30-16.30 Uhr; Mai-Juni u. Sept., Mo-Sa 13.30-16 Uhr. Die Kirche aus dem 15. Jh. in Brabanter Gotik enthält bedeutende Kunstschätze, u. a. das Coppelstock-Fenster, das die Befreiung von den Spaniern 1572 darstellt, und eine der schwersten Kirchenglocken des Landes im unvollendeten, aber dennoch mächtigen Turm.

✤ **Stadhuis Libertatis Primitiae**, Markt 1. Nur wenige Meter vom stolzen Rathaus (14. Jh./Umbau 1793) mit seiner großen Schiffskanone finden sich auf dem Bürgersteig die letzten Worte einer hier 1628 verbrannten Mörderin.

⛪ **Bedevaartskerk**, Kloosterweg/Rik, ÖZ: Juli-Aug. Mo-So 14-16 Uhr. In der Kirche von 1872 befinden sich die Gebeine der 19 katholischen Priester, die von den Watergeuzen (s. u.) nach Folterungen umgebracht worden waren, da sie nicht konvertieren wollten.

Die kleine Stadt wirkt wie ein großes Freilichtmuseum. Ihre Wehr- oder Befestigungsanlagen stammen aus der Gründungszeit um 1330 und ihre damaligen Funktionen sind bis heute nicht ganz geklärt. Im Jahre 1572 eroberten die aus dem englischen Exil zurückkehrenden Rebellen, die berüchtigten Watergeuzen, den Ort von den Spaniern zurück. Dieser Befreiungstag wird am 1. April noch heute gefeiert.

Auf der Hauptroute vor dem kleinen Hafenbecken von Maassluis nach rechts entlang der Straße zum Ort und über die Bahn.

Maassluis
Vorwahl: 010
- VVV-Info Maassluis, Dr. Kuyperkade 7, ✆ 4346666 (VVV Vlaardingen)
- Fähre nach Rozenburg, Mo-Sa 6.10-23.50 Uhr, ✆ 5912212
- Gemeindemuseum (Gemeentemuseum), Zuiddijk 16, ✆ 5913813. Fischerei und Hafen, aber auch Moderne Kunst nach 1900.
- Nationales Schleppermuseum (Nationaal Sleepvaartmuseum), Hoogstraat 1-3, ✆ 5912474.
- Dol-Fijn, Sportlaan.
- Stationsrijwielstalling (Fahrradgeschäft am Bahnhof), ✆ 5916988

Das Dorf entwickelte sich rund um zwei Schleusen, die hier im 14. Jahrhundert in der Mündung der Maas angelegt worden waren. Nachdem im 17. Jahrhundert vor allem die Fischerei dem Ort zur Blüte verhalf, so sind es heute die Schleppschiffe, die die Ozeanriesen durch den Kanal ziehen. Rund um den alten Hafen hat sich Maassluis aber seinen Flair erhalten.

Von Maassluis am Nieuwe Waterweg entlang nach Hoek van Holland 11,5 km

Nach Querung des Hafens erneut links über die Bahngleise ein Stück am **Delftlandse Dijk** entlang ~ linker Hand diesen hinab durch ein Gewerbegebiet wieder vor bis zum Uferdeich ~ dort den Schildern folgend kurz links ~ dann am Parkplatz spitz rechts auf die Seeseite des Deiches wechseln ~ gut 3 Kilometer wieder direkt am Wasser entlang bis zum Abzweig am Ende des Ortsteils **Steendijkpolder**.

Tipp: Sie können nun als Variante der Beschilderung des LF 1b ein Stück weiter landeinwärts folgen, oder Sie bleiben geradeaus bis Hoek van Holland an der „Waterkant" des Deiches. Wir empfehlen letzteres als Hauptroute: Es ist nämlich für längere Zeit das letzte Mal, dass Sie so nahe am Wasser und mit Blick auf die Hochseeschiffe Rad fahren können.

Variante: per LF 1b nach Hoek van Holland

Am Wegweiser in **Maassluis-Steendijkpolder** spitz rechts zurück Richtung **Maass-**

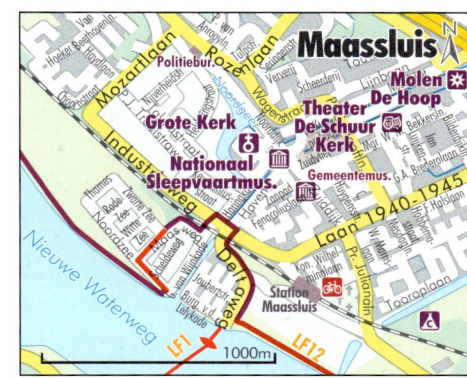

luis-West ~ direkt wieder links folgt der Bahnübergang ~ linker Hand am Wasser (Badesee) entlang ~ am Ende links auf den **Oranjedijk** Richtung Maasdijk ~ nach gut anderthalb Kilometern am Ende rechts und wenig später links auf das **Spuidijkje** ~ am Abzweig geradeaus auf den **Oranjedijk** ~ 2 Kilometer später nach links über die Brücke des Oranjekanaals ~ geradeaus auf die Staelduinen zu, die rechter Hand liegen ~ die **Bonnenlaan** geht später in einen Radweg über ~ an der T-Kreuzung rechts in den

Hoek van Holland: Alter und neuer Leuchtturm

Schon in Sichtweite der Leuchttürme mündet der Radweg nach rechts auf eine bahnparallele Straße 〰 wenig später nach rechts über die Gleise 〰 der Radweg geht danach spitzwinklig nach links und bleibt auf dem kleinen Deich 〰 direkt am alten und am neuen Leuchtturm vorbei, sieht man linker Hand schon die Fähren der Linie Hoek van Holland-Harwich und erreicht den kleinen Hafen-Bahnhof.

Hoek van Holland
Vorwahl: 0174

- **VVV Hoek van Holland**, Prins Hendrikstraat 307, 3151 GK Hoek van Holland, ✆ 310080
- **Fähre nach Harwich (GB)**, Sea Link Stena Line BV, Stationsweg 10, 3150 AA, ✆ 315811 od. in Deutschland: 0049/211/90550
- **Niederländisches Küstenverteidigungsmuseum (Nederlands Kustverdedigingsmuseum)**, Stationsweg 82, ✆ 382898, ÖZ: Mai-Nov., Sa 13-16 Uhr, So 10-16 Uhr, jeweils nur am ersten Wochenende im Monat, Juli-Aug., auch Di u. Do 11-16 Uhr. Im Labyrinth des Fort van den Hoek van Holland, das 1887 zum Schutz des Neuen Wasserweges erbaut worden war, kann man das Leben der über 250 hier stationierten Soldaten nachvollziehen.

Haakweg und gleich wieder links auf den Radweg hinter der Vorfahrtsstraße 〰 an der Gabelung links auf den **Nieuwlandsedijk** halten, der in Hoek v. H. in einen Klinkerweg übergeht 〰 Sie stoßen auf den **Dirk v. d. Burgweg** und biegen nach rechts auf die vom Hafen kommende Hauptroute ein.

Unsere empfohlene Hauptroute führt weiter schnurgeradeaus am Deich entlang 〰 die Querung des **Oranjekanaal** ist neben der **Stormvloetkering** (s. Hoek v. H.) die einzige Abwechslung auf diesem oft recht windigen Abschnitt 〰 die rechter Hand liegenden Dünen stehen senkrecht zur Küste und markieren damit die alte Maasmündung.

- **Informatiecentrum Maeslantkering „Het Keringhuis"**, Nieuw Oranjekanaal 139, ✆ 511222, ÖZ: Mo-Fr 10-16 Uhr, Sa, So/Fei 11-17 Uhr. Dieses „Weltwunder am Neuen Wasserweg" schließt mit seinen Wehren die 360 Meter breite Wasserstraße bei Hochwasser in einem Zug. In den beiden bis zu 15 m dicken Toren und ihren Armen wurde jeweils mehr Stahl verbaut als der Eiffelturm enthält! Die Maeslantkering setzte den Schlusspunkt der Deltawerke, die Südholland gegen die See sichern. Ein kostenloses Museum zeigt das Wie und Warum der über 500 Mio. € teuren Anlage mittels Modellen, Filmen und Computeranimationen. Für Gruppen sind auch (kostenpflichtige) Führungen möglich.
- **Expo Waterwegcentrum**, Kon. Emmalaan. Ausstellung über die Entstehung des Neuen Wasserweges (und damit des Ortes).
- **Ned. Kustverlichtingsmuseum**. Am alten Leuchtturm erfahren Sie alles über die Geschichte der niederländischen Küstenbeleuchtung.

Der heutige Hafen- und Badeort entstand erst vor gut 130 Jahren als Wohnstätte für die Kanalbauer. Bei der Verteidigung des Rotterdamer Hafens zerstörten die Deutschen im letzten Krieg den ältesten, westlichen Teil des Städtchens, wo sich auch das „Fort aan den Hoek van Holland" befindet.

Von Hoek van Holland nach Scheveningen 17,5 km

Vom **Stationsweg** kommend halbrechts auf die LF1b, die Noordzeeroute, die zur Kreuzung führt ⤳ rechter Hand liegt nun das Ortszentrum, links führt ein Radweg Badewillige zum Strand, Sie halten sich geradeaus ⤳ der Radweg führt nach links und folgt im Bogen zuerst dem **Lange Weg**, dann dem **s´ Gravezandse Weg** und dann dem **Dirk van den Burg Weg** ⤳ etwas nach links versetzt in die parallele Wohnstraße.

An der großen Kreuzung, ⚠ hier mündet die beschilderte Variante, links Richtung Campingplatz in den Radweg am **Schelpweg** ⤳ die erste Möglichkeit rechts am kleinen, alten Deich auf den Radweg **Noordlandsepad** ⤳ geradeaus über die Querstraße führt die **Noordlandselaan** hinein in die „Glashauslandschaft".

Die Gläserne Stadt („Glazen Stad")

Fast die gesamte landwirtschaftliche Nutzfläche des Westlandes im **Viereck zwischen Den Haag, Delft, Vlaardingen und Hoek van Holland** ist von Gewächshäusern bedeckt, in denen Gemüse, Obst und Schnittblumen gezüchtet werden.

An der Tankstelle vor der größeren Straße links ab zu den Dünen ⤳ in Sichtweite des Dünensees nach rechts ⤳ den Deich hinauf und wellig entlang Richtung Ter Heijde ⤳ zwischen 's-Gravenzande und Monster, dessen Kirche rechts bereits gut sichtbar liegt, unterqueren Sie den Weg zum Strand.

Monster-Ter Heijde

❈ Der weithin sichtbare Wasserturm von Monster gehörte zum ehemaligen Westduinse Waterleidingbedrijf.

Der nur eine Reihe schmale Dünenstreifen zwischen Hoek van Holland und Monster gilt als einer der unsichersten niederländischen Küstenabschnitte. Ein sogenannter Schlafdeich (nl.: slaperdijk) auf seiner Innenseite und die Pfahlreihen „Delflandse Hoofden", die als Wellenbrecher ins Wasser führen, sollen hier helfen. Trotzdem wird es mit steigendem Meeresspiegel und den weiter absinkenden Polderflächen in Zukunft immer schwieriger für die Niederländer, hier trockene Füße zu behalten.

Der Radweg verläuft durch die Dünen des Sollevelds genau zwischen dem kalkreichen

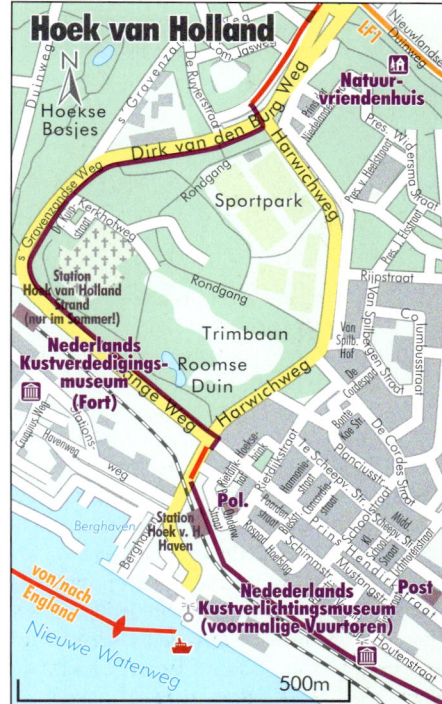

In der „Glazen Stad"

Meeresstreifen und den kalkarmen alten Dünen, das man an der unterschiedlichen Vegetation erkennen kann.

In **Ter Heijde** die Vorfahrtsstraßen kreuzen und geradewegs dem Radweg oben auf dem **Slaperdijk** Richtung Kijkduin folgen ↷ an dessen Ende dem Pilzwegweiser (nl.: paddestoel) folgend links auf den Dünenkamm zu ↷ nach etwa 400 Metern oben wieder rechts.

Die nächsten 2 Kilometer durch die **Westduinen** immer auf dem asphaltierten, beschilderten „fietspad" bleiben. Die flach landeinwärts gedrückten Büsche lassen ahnen, dass der Seewind hier wohl meist kräftig weht.

Vorbei am Campingplatz und an namensgebenden Aussichtspunkten in den Dünen tauchen die ersten Parkplätze und Häuser von **Kijkduin** auf ↷ an der **Hoek van Hollandlaan** biegt die Route nach links ab ↷ auf dem gepflasterten Radweg an der Straße fahren Sie nach der Rechtskurve auf das riesige Hotel zu.

Kijkduin

Im südlichen Teil des Westduinparks ist die Dünenvegetation wesentlich ursprünglicher als im Norden: Dort war in den 20er und 30er Jahren des letzten Jahrhunderts kompostierbarer Hausmüll zur Düngung verwandt worden, was vor allem ortsfremde, Stickstoff liebende Pflanzen hervorbrachte.

Rechts am großen Parkplatz entlang und geradewegs an der **Fahrradstation** (Fietsenstalling) vorbei in den asphaltierten Radweg Richtung Scheveningen ↷ im Dünengebiet verläuft der Radweg immer beschildert und befestigt.

Tipp: Für einen Abstecher zum Strand oder auf einen der Aussichtspunkte stehen weitere Fahrradständer bereit – die Räder dürfen nicht mitgenommen werden.

Nach knapp 3 Kilometern durch den **Westduinpark** kommen Sie in dessen ersten Ortsteil (nl.: Wijk) **Duindorp** ↷ geradeaus über die **Duivelandsestraat** in die **Pluvierstraat** ↷ am Ende vor dem Wasser kurz links, dann rechts in den Radweg ↷ am **Kranenburgweg** wieder rechts und spitzwinklig links am Zeemuseum vorbei zum zweiten Hafenbecken, dem Vissershaven (**Dr. Lelykade**).

Scheveningen
Vorwahl: 070

ℹ **VVV Scheveningen**, Gevers Deynootweg 1134, 2586 BX Scheveningen, ✆ 0900/3403505

🏛 **Museum Beelden aan Zee**, Harteveltstraat 1/Boulevard, ✆ 3585857, ÖZ: Di-So 11-17 Uhr. Über 600 Skulpturen verbergen sich in diesem modernen Gebäude, das im wahrsten Wortsinne in den Dünen liegt.

🏛 **Scheveningens Museum**, Neptunusstraat

Kijkduin

92, ✆ 3500830, ÖZ: Di-Sa 10-17 Uhr, April-Sept., auch Mo. Die Seefahrt steht hier im Mittelpunkt der Stadtgeschichte. Übrigens: Im Museum können die Angestellten, die fast alle selbst früher zur See gefahren sind, das Seemannsgarn weiterspinnen...

🏛 **Meeresmuseum (Zeebiologisch Museum)**, Dr. Lelykade 39, ✆ 3502528, ÖZ: Mo-Sa 10-17, So 13-17 Uhr. Meeresaquarien und Muscheln werden mit einer Walausstellung ergänzt.

🏛 **Museumsschiff Mercuur**, Scheveninger Hafen an der Dr. Lelykade, ✆ 3540315. ÖZ: Di-So 10-17 Uhr. Das letzte Holzschiff der niederländischen Marine war bis 1987 als Minensuchboot unterwegs. Heute kann es komplett besichtigt werden.

🏛 **Altes Kurhaus**, Gevers Deynootplein / Kurhausweg 1. Der imposante Jugendstilpalast am Strand wurde mit seinem Casino (s. u.) erst vor kurzem restauriert.

🐟 **National Sea Life Centre Scheveningen**, Strandweg 13, ✆ 3558781, ÖZ: Sept.-Juni, Mo-So 10-18 Uhr, Juli-Aug., 10-20 Uhr. Viele Aquarien und ein gläserner Unterwassertunnel bieten Einblick in die Unterwasserwelt.

✳ **Westbroekpark**, im Dreieck zwischen Haringkade/Nieuwe Duinweg/Nieuwe Parklaan, ÖZ: Mo-So 9 Uhr bis Sonnenuntergang. Alljährlich wird hier im 20 ha großen Rosengarten die Goldene Rose an die beste Züchtung verliehen.

✳ **Pier Scheveningen**, Strandweg 1. Historisches Amüsierzentrum (Promenade mit 4 Plateaus) mit großem Restaurant und modernem Aussichtsturm über dem Wasser.

✳ **Holland Casino Scheveningen** im Alten Kurhaus, ✆ 3067777, ÖZ: Mo-So 13.30-2 Uhr.

✳ **Kanuvermietung „Go Klap"**, Dr. Lelykade 44, ✆ 3548679

🛁 **Kuur Thermen Vitalizee**, Strandweg 13f, ✆ 4166500. ÖZ: Mo-So 11-24 Uhr. Schwimm- und Dampfbäder, Sauna- und Schneekabinen(!), Kräuter- und Salzbäder, u. v. m. auf über 3.000 m².

Der erste Fischerhafen wurde, nachdem die gesamte Fischereiflotte auf dem Strand einem

Sturm zum Opfer gefallen war, erst zu Beginn des 20. Jahrhunderts angelegt. Zu dieser Zeit hatte sich das einstige Fischerdorf vor den Toren der Hauptstadt bereits zu einem international berühmten Badeort mit zahlreichen Villen, Hotels und dem Pier als Amüsiermeile entwickelt. Das Alte Kurhaus, Mittelpunkt des quirligen Touristenortes, steht heute eingezwängt zwischen den Neubauten einer Renovierungswelle der 70er Jahre. Doch vor allem die Zerstörungen des 2. Weltkriegs sind schuld am mangelnden Flair. Die Gäste kommen aber sowieso eher wegen Wasser, Strand und frischer Luft – jährlich fast zehn Millionen!

Zwischen dem alten Scheveningen und dem Regierungszentrum Den Haag entstanden um die Jahrhundertwende Jugendstilsiedlungen wie der Van Stolkpark (Ende 19. Jahrhundert) und das Statenkwartier (um 1910). Das beste Beispiel für die Verspieltheit ihrer Erbauer ist die Villa Sandhaghe am Rand der Scheveningse Bosjes: Das Rotterdamer Unternehmergeschlecht Müller ließ sich hier ein Stadtpalais im Stil Ludwig XVI. errichten.

Von Scheveningen nach Katwijk aan Zee 18,5 km

⚠ Nach Hausnummer 110, gegenüber dem Restaurant „Trip" rechts hoch in die Einbahnstraße **Van Bergenstraat** ⟶ etwas unorthodox müssen Sie sich hier am Supermarkt und Parkplatz vorbeischlängeln ⟶ geradeaus die stark befahrene Hauptstraße **Westduinweg** queren (⚠) und in die **Statenlaan** ⟶ an der Tankstelle vorbei hinter den Straßenbahngleisen links in die **Doornstraat** und damit ins noble Wohnviertel **Statenkwartier** ⟶ am nächsten Abzweig weiter halblinks auf der **Doornstraat** bleiben ⟶ die nächste rechts ist die **Johan van Oldenbarneveltlaan** ⟶ bei Hausnummer 101 links leicht bergab in die gepflasterte Van Dorpstraat ⟶ an der Hauptstraße **Scheveningseweg**, dem ältesten befestigten Weg der Niederlande (angelegt 1665), kurz rechts auf den Radweg ⟶ nach gut 100 Metern mit der Bedarfsampel die Hauptstraße überqueren ⟶ Sie kommen auf dem **Kanaalweg** ins vom Jugendstil geprägte Viertel **Van Stolkpark** ⟶ ⚠ wenig später rechts in den kleinen Anliegerweg **Van Stolklaan** (für Autos Sackgasse) zur Algerischen Botschaft ⟶ halblinks durch die Umlaufschranken leicht hinauf ⟶ am Ende – erneut Schranken – rechts auf den **Van Stolkweg** (hier kein Straßenschild) ⟶ an der Kreuzung nach dem Linksbogen am Park biegt die Noordzeeroute LF 1b links in den **Hogeweg** ab.

Tipp: Nach rechts führen Sie die Schilder der LF-Route 4a (Midden-Nederlandroute) ins Zentrum von Den Haag und zum Hauptbahnhof (N. S. Centraalstation).

Abstecher nach Den Haag 4 km

Geradeaus stößt der **Van Stolkweg** an den großen **Prof. B. M. Teldersweg**, den Sie geradewegs queren ↝ in den Park **Scheveningse Bosjes** hinein und im Bogen nach links ↝ am **Verhuellweg** rechts und wenig später ↝ erneut rechts.

Tipp: Weiter geradeaus auf dem Verhuellweg und am Dr. Al. Jacobsweg links kommen Sie zum Madurodam, einer Ministadt im Maßstab 1:25.

Geradlinig geht es wieder durch den Park auf den Friedhof zu ↝ die **Kerkhoflaan** queren und nach links auf deren Radweg ↝ hinterm Friedhof rechts auf die **Bankastraat** ins Wohngebiet **Archipelbuurt** ↝ hinter der Burg. Patijnlaan leicht rechts versetzt den Radweg am **Nassauplein** entlang ↝ nach Überquerung der **Javastraat** wieder leicht nach rechts versetzt in die **Nassaulaan** ↝ am Ende hinter dem Brückchen nach links in den Radweg der **Mauritskade** ↝ an der zweiten Möglichkeit rechts ab in die Einbahnstraße **Denneweg** ↝ dieser geht später halbrechts in die **Vos in Tuinstraat** über ↝ den Platz bei **Het Paleis** passieren Sie geradeaus ↝ erst hinter der Vorfahrtsstraße **Korte Voorhout** geht es links ab auf deren Radweg ↝ vor

Den Haag: Stadtviertel Van Stolkpark

dem Wasser rechts auf die **Prinsessegracht** ↝ an der Hauptstraße **Herengracht** biegt die Route LF4a links ab zum Hauptbahnhof und weiter in den **Haagse Bos**, wo auch Königin Beatrix im Huis ten Bosch residiert, die LF11a geht geradeaus Richtung Breda weiter.

Den Haag
Vorwahl: 070

- **VVV Den Haag**, Koningin Julianaplein 30, 2595 AA Den Haag, ☎ 0900/3403505. Hier gibt es auch den Den Haag Paspoort, ein Gutscheinheft, das Touristen kostenlosen Eintritt oder Vergünstigungen in den meisten Attraktionen der Stadt bietet.
- **Haags Gemeentemuseum**, Stadhouderslaan 41, ☎ 3381111, ÖZ: Di-So 11-17 Uhr. Kunst nach 1800 und historische Gebrauchsgegenstände, vor allem aber die Mondriaan-Sammlung des Gemeindemuseums sind beeindruckend. Das gelb verklinkerte Gebäude (1935) ist ein Werk des berühmten niederl. Architekten H. P. Berlage.
- **Haags Historisch Museum**, Korte Vijverberg 7, ☎ 3646940, ÖZ: Di-Fr 10-17 Uhr, Sa, So 12-17 Uhr. Archäologische Funde, Zeichnungen und Gemälde spiegeln die Geschichte der Stadt wieder (Führungen auch auf deutsch).
- **Kinderboeken- und Letterkundig Museum**, Pr. Willem Alexanderhof 5, ☎ 3339666, ÖZ: Di-Fr 10-17 Uhr, Sa, So 12-17 Uhr. Beinahe 200 niederländische Autoren und ihre Werke der letzten drei Jahrhunderte zeigt das Literarische Museum.
- **Mauritshuis**, Korte Vijverberg 8, ☎ 3023456, ÖZ: Di-Sa 10-17 Uhr, So 11-17 Uhr, Eintrittskarten gelten auch für die Schilderijengalerij Prins Willem V. Im innerlich wie äußerlich beeindruckenden Bau von 1632 sehen Sie niederländische und flämische Malerei aus dem 14.-17. Jh. Dabei beherbergt die königliche Gemäldegalerie „Het Koninklijke Kabinet van Schilderijen" unter vielem Anderen Weltberühmtes von Vermeer, Rubens und Rembrandt.
- **Museon**, Stadhouderslaan 3F, ☎ 3381338. Populärwissenschaftliche Abteilung im Gemeindemuseum, in der interaktiv die Naturwissenschaften und ihre modernsten Errungenschaften erlebt werden können.

Nederlands Kansspelmuseum, Paleisstraat 5, ✆ 3021551, ÖZ: n.V. Die historische Entwicklung des Glücksspiels ist Thema im Glücksspielmuseum und in der Ausstellung der Staatslotterie.

Museum voor Communicatie, Zeestraat 82, ✆ 3307500, ÖZ: Mo-Fr 10-17 Uhr, Sa, So 11-17 Uhr, Führungen auch auf deutsch. Samt kolonialgeschichtlicher Briefmarkensammlung findet sich im kleinen Museum alles zum Thema Post und Telekommunikation und ihrer historischen Entwicklung.

Panorama Mesdag, Zeestraat 65, ✆ 3644544, ÖZ: Mo-Sa 10-17 Uhr, So 12-17 Uhr. Das größte Gemälde der Welt zeigt Scheveningen anno 1881 als gigantisches Panorama (120 x 14 m) sowie weitere Werke des Künstlerpaares von Houten-Mesdag.

Rijksmuseum De Gevangenpoort, Buitenhof 33, ✆ 3460561, ÖZ: Di-Fr 10-17 Uhr, Sa, So 12-17 Uhr. Im Gefangenentor unweit des Parlaments werden Straf- und Folterwerkzeuge ausgestellt und anhand von Stichen und Bildern die Justizgeschichte erläutert.

Rijksmuseum H. W. Mesdag, Laan van Meerdervoort 7f, ✆ 3621434, ÖZ: Di-So 12-17 Uhr. Das 1996 im Stil der Jahrhundertwende renovierte Museum zeigt Landschaftsmalereien der sog. Haager Schule um H. W. Mesdag, aber auch fernöstliche Bronzen und Rozenburger Keramik.

Rijksmuseum Meermanno, Prinsessegracht 30, ✆ 3464700, ÖZ: Di-Fr 11-17, Sa u. So 11-17 Uhr. Wertvolle Dokumente von mittelalterlichen Handschriften, Miniaturen und Drucken bis zu modernen Druckkunstwerken werden hier im Haager Buchmuseum präsentiert.

Schilderijengalerij Prins Willem V, Buitenhof 35, ✆ 3023456, ÖZ: Di-So 11-16 Uhr, Eintrittskarten des Mauritshuis gelten auch hier, Führungen auch auf deutsch. In einem der ältesten Museen des Landes (seit dem 18. Jh. öffentlich) hängen die Gemälde immer noch, wie damals üblich, dicht an dicht.

De Boterwaag, Grote Markt 8a, ✆ 3569686, ÖZ: Di-Sa 9:30-16 Uhr (Eintritt frei). Funktionstüchtige Butter- und Käsewaage von 1681 in der heute auch viele kulturelle Veranstaltungen stattfinden.

Haager Binnenhof, Binnenhof 8a, ✆ 3646144, Mo-Sa 10-16 Uhr, letzte Führung 15.45 Uhr. Im geschichtsträchtigen Gemäuer rund um den gotischen Ridderzaal aus dem 13. Jh. tagen beide Kammern des niederländischen Parlamentes. Außen davor wird fast immer gegen oder für irgendetwas demonstriert — hier kennt man keine Bannmeile.

Grote oder St. Jacobskerk, Rond de Grote Kerk 10, ÖZ: Mai-Aug., Mo-Sa 10-16 Uhr (Eintritt frei). Der einfache gotische Bau aus dem 16. Jh. beherbergt eine Reihe bedeutender Gräber und wird häufig für königliche Zeremonien genutzt.

Huis ten Bosch (17. Jh.), Het (Haagse) Bos, Bezuidenhoutseweg. Der derzeitige Wohnsitz der Königsfamilie steht natürlich nicht zur Besichtigung frei.

Kloosterkerk, Lange Voorhout 2, ÖZ: April-Okt., Mo-Fr 12-14 Uhr (Eintritt frei). Dieses einzige Relikt des im 16. Jh. abgerissenen Dominikanerklosters ist die heute älteste Kirche der Stadt (1403).

Nederlands Dans Theater (1987), Spui, Grote Marktstraat. Der Komplex des Tanztheaters ist eines der wenigen modernen Gebäude von architektonisch hohem Rang in Den Haag.

Paleis Lange Voorhout (18. Jh.), Lange Voorhout 74, ✆ 3624061, ÖZ: Di-So 11-17 Uhr. Die ehemalige Winterresidenz, die noch bis in die 70er Jahre von Königin Juliana als Empfangsort genutzt wurde, ist der einzige Königliche Palast, der öffentlich zugänglich ist.

Schuilkerk, Molenstraat 38, ÖZ: Mi 14-16 Uhr, Führungen 14 u. 15 Uhr (Eintritt frei). Von außen fast zu übersehen ist diese katholische, ehemalige Geheimkirche aus der Reformationszeit. Das Innere ist umso reichhaltiger.

Vredespalais (1913), Carnegieplein 2, ✆ 3024137, ÖZ: Juni-Sept., Mo-Fr 10-16 Uhr, Okt.-Mai, Mo-Fr 10-15 Uhr. Der prunkvolle Haager Friedenspalast wurde vom amerikanischen Multimillionär Carnegie als das gestiftet, was er heute noch immer ist: Der Sitz des hoch angesehenen Internationalen Gerichtshofes (Führungen).

Japanse Tuin, Wassenaarseweg im Park Clingendael, ÖZ: Mai-Juni, Mo-So. Japanischer Garten — 1896 typisch angelegt mit Teehaus und Laternen.

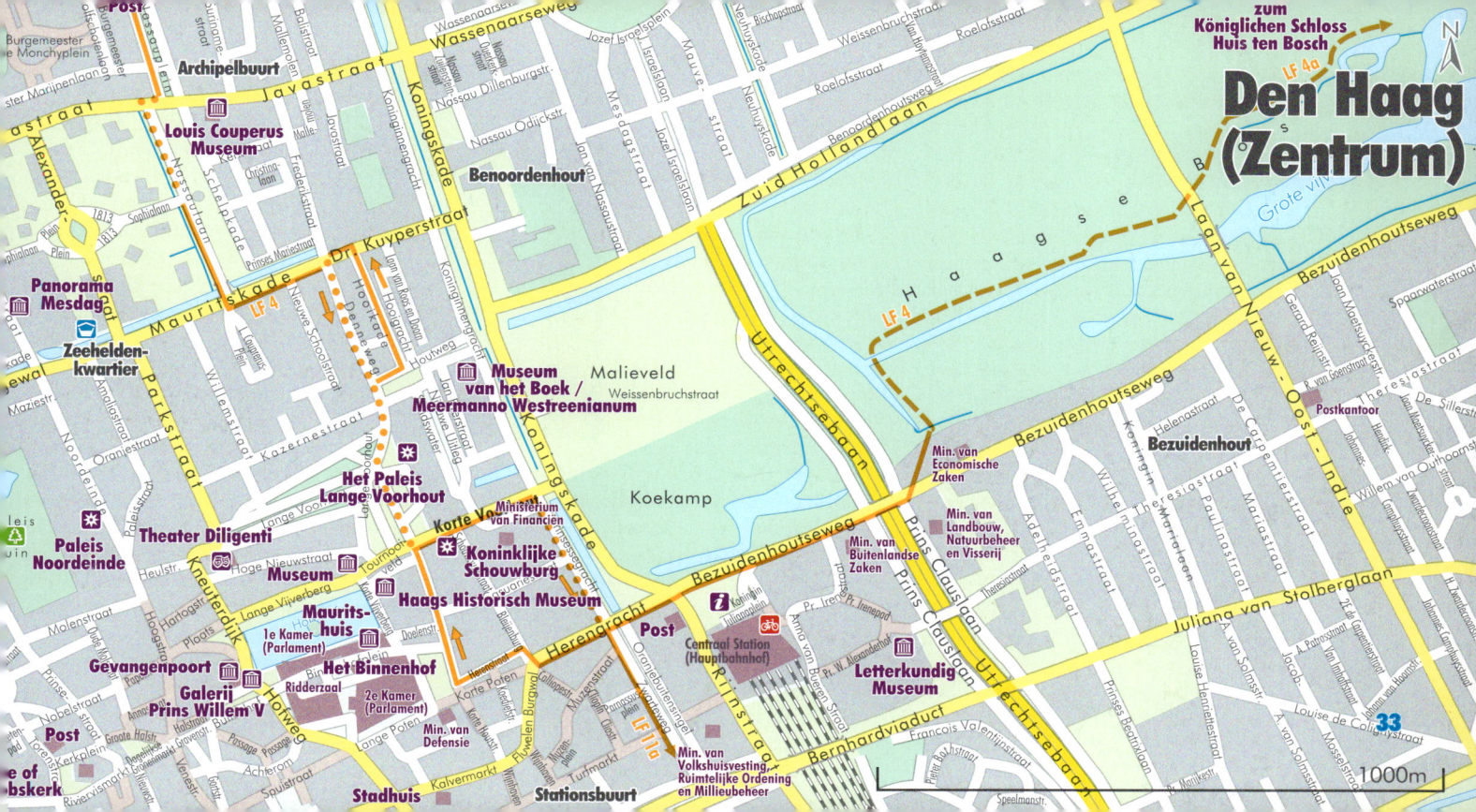

🏛 **Paleistuin**, Noordeinde, Eingang Prinsessewal. Der Palastgarten des gleichnamigen Paleis Noordeinde von 1640 ist frei zugänglich.

✳ **Madurodam**, George Maduroplein 1, ☏ 4162400, ÖZ: April-Juni, Mo-So 9-20 Uhr, Juli-Sept., Mo-So 9-22 Uhr, Okt.-März, Mo-So 9-17 Uhr. Die Miniaturstadt im Maßstab 1:25 ist einer DER Touristenmagnete. Bei Dunkelheit erleuchten tausende Lämpchen die kleinen Straßen und Häuser, die Grachten und Schiffe. Themenschwerpunkt der Erweiterungen ist der Kampf der Niederlande gegen das (steigende) Meer. Passend dazu gibt es auch eine Halle mit professionellen Modellen aus Sand.

✳ **Omniversum**, Pres. Kennedylaan 5, ☏ 3545454, stündl. Vorführungen Di-Do 11-16 Uhr, Fr-So 11-21 Uhr, in den Ferien auch Mo 11-21 Uhr. Kuppelförmiges Raumtheater und digitales Planetarium.

🚲 **Stationsrijwielstalling** (Fahrradgeschäft am Hauptbahnhof Den Haag CS), ☏ 3853235

Den Haag – nach seiner Entstehung auch 's Gravenhage genannt – gilt trotz seiner über 750-jährigen Geschichte immer noch als größtes Dorf des Landes. Entstanden im Jahre 1248 um das Jagdgebiet der Grafen von Holland, den Hag, erstreckt sich der heutige Regierungssitz mit noblen Villenvierteln und heruntergekommenen Arbeitersiedlungen bis fast an die Küste. Das alte Fischerdorf Scheveningen ist bereits eingemeindet, womit die drittgrößte Stadt der Niederlande im Gegensatz zur Hauptstadt Amsterdam und zu Rotterdam ihren eigenen Meeresstrand besitzt. Obwohl bereits seit dem Wiener Kongress 1811 als Regierungssitz mit Stadtrechten ausgestattet, zog erst mit der neuen Königin Beatrix die königliche Familie 1980 hier ein. Dazu war unter großen Protesten der prunkvolle Palast Huis ten Bosch so aufwändig um- und ausgebaut worden, dass die Kosten fast eine Staatskrise auslösten.

Heute versucht das „Dorf" zur Stadt zu werden und baut genauso fleißig moderne Wolkenkratzer wie es seine zahllosen Jugendstilfassaden restauriert. Doch an das Flair anderer holländischer Städte reicht es trotzdem nicht heran.

Mit der Hauptroute LF1b den **Hogeweg**

Wasserturm im Oostduinpark

weiter rechts entlang, bis auf Höhe der ungarischen Botschaft der Park Belvedere, Teil der Scheveningse Bosjes, beginnt ↝ hier rechts in den **Duinweg** ↝ im Linksbogen begleitet Sie rechts unterhalb ein Wasserlauf ↝ beim Troelstra-Denkmal an der **Haringkade** kurz rechts über ein Brückchen und links in den **Cremerweg** ↝ direkt wieder rechts in den **Wagenaarweg** ↝ mit diesem queren Sie weiter oben die Straßenbahn und die **Nieuwe Parklaan** ins Viertel **Duttendel**, vorbei an der kenianischen Botschaft ↝ auf schattiger Allee (**Wagenaarweg**) geradeaus weiter ↝ an der Ecke des Parks Nieuwe Scheveningse Bosjes geht es hinter dem Badhuisweg halblinks in den **Pompstationsweg** ↝ auf der langen, geraden Allee sieht man links das Gefängnis. An der Ampel die **Van Alkmade Laan** überqueren ↝ geradeaus am Kiosk in den Radweg (**Pompstationsweg**) Richtung Wassenaar und

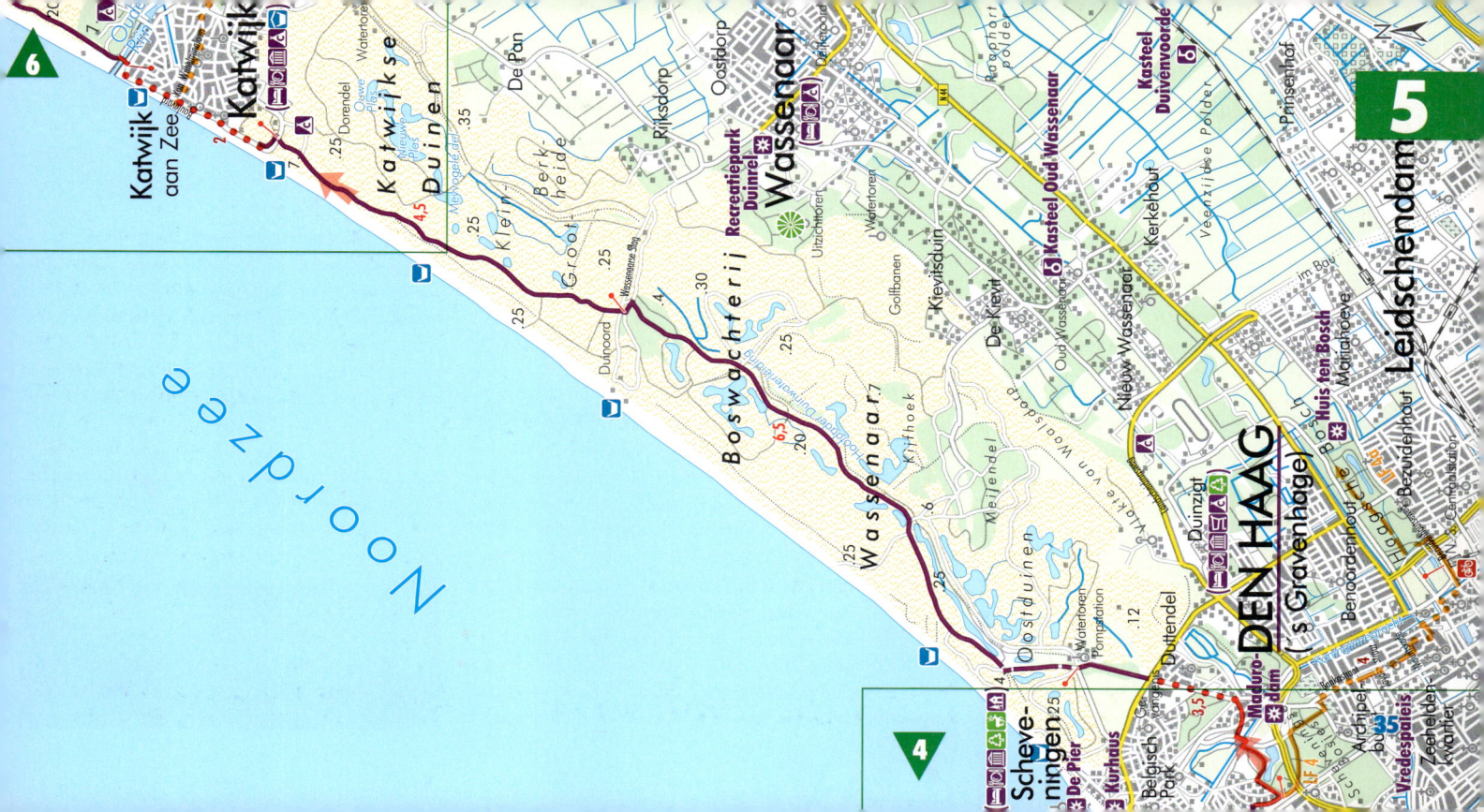

Katwijk ～ auf den Wasserturm zu und links daran vorbei ～ am Café verlassen Sie nun Den Haag und kommen in den **Oostduinpark** ～ weiter Richtung Meijendel.

⚠ Vorsicht an den steilen Doppel-Schwellen (nl.: drempel), die man nur mit Schrittgeschwindigkeit überfahren sollte. Sie begegnen Ihnen auf dem Weg nach Katwijk noch einige Male, sind aber durch Warnhinweise angekündigt.

An der Gabelung etwa einen Kilometer später rechts Richtung Wassenaarseslag halten.

Tipp: In Folge steigt der Weg mehrfach vom flachen Dünensee-Niveau auf mehr als 20 Meter üNN an, was je nach Wind ganz schön Kraft kosten kann. Sie folgen den kleinen Aufklebern der LF-Route1b und der – besser lesbaren – Duin- en Polderroute immer auf dem befestigten Weg. Alle sonstigen Pfade sind Fußgängern und teilweise Reitern vorbehalten. Der Rest des Naturschutzgebietes darf nicht betreten werden.

Gut 6,5 Kilometer vom Wasserturm entfernt am **Wegepilz Nr. 21733** links Richtung Katwijk aan Zee ～ wenig später überquert die Radroute beim Haus Duinoord die Stopp-Straße Wassenaarseslag, die rechts nach Wassenaar und links zum Strand führt.

Wassenaar
Vorwahl: 070

🛈 **VVV Scheveningen** oder **VVV DenHaag** (s. dort)

✱ **Familiepark Duinrell**, Duinrell 1, ☏ 5155155, ÖZ: April-Okt., Mo-So 10-17 Uhr, Juli-Aug., 10-18 Uhr, Nov.-März nur Tikibad. Einer der größten Freizeitparks des Landes bietet Europas größtes überdachtes Spaßbad, das Tikibad inklusive.

Voorschoten
Vorwahl: 071

🛈 **VVV Den Haag** (s. dort)

♿ **Kasteel Duivenvoorde**, Laan van Duivenvoorde 4, ☏ 5613752, Führungen Mai-Sept., Di-Sa 14 u. 15.30 Uhr. Im weiten Garten liegt das mittelalterliche Schloss südlich zwischen Wassenaar und Voorschoten. Es ist auch im Innern fast ausnahmslos original erhalten und bietet zusätzlich eine Silber- und Keramiksammlung.

Hinter Duinoord kommen Sie geradeaus auf den Radweg in die **Berkheide** ～ einige hundert Meter weiter, noch hinter der Infotafel, ist das weite Dünental gesperrt und ein Betonweg leitet Sie links im Bogen daran entlang ～ scharf links münden Sie an einem weiteren Infoschild wieder auf den alten Weg ～ in Folge werden die Dünen immer ärmer an Nährstoffen: die Büsche fehlen schließlich fast völlig.

Gut 4 Kilometer weiter, vor dem Campingplatz von Katwijk geht es kurvig vom Dünenkamm rechts hinunter.

Tipp: ⚠ Vorsicht, viele Fußgänger!

Links halten und an der Straße **Sportlaan** wieder links den Radweg hinauf ～ im Rechtsbogen die Strandpromenade (**Boulevard**) von **Katwijk aan Zee** entlang ～ 500 Meter später führt rechts die **Koningin Wilhelminastraat** ins Zentrum und hinüber ins alte Katwijk aan de Rijn.

Katwijk
Vorwahl: 071

- **VVV Katwijk**, Vuurbaakplein 11, 2225 JB Katwijk, ✆ 4075444 od. 0900/5289958.
- **Katwijks Museum**, Voorstraat 46, ✆ 4013047, ÖZ: Di-Sa 10-17 Uhr. Die Geschichte der Katwijker Fischergemeinschaft samt Schiffsmodellen und Trachten wird ergänzt durch die Werke der vielen Maler der Haager Schule, die um die Jahrhundertwende in Katwijk gewohnt und gearbeitet haben. Stilvoller Rahmen ist die ehemalige Wohnung einer Reederfamilie Bj. 1911.
- **Nieuwe Kerk**, Voorstraat 79. Die Neue Kirche, in der in der Saison Orgelkonzerte stattfinden, wurde 1887 im Stil der Neorenaissance errichtet. Den schlanken Turm zieren vier auffällige Obelisken.
- **Oude oder St. Andreaskerk**, Boulevard 109. Die alte Kirche, benannt nach dem Schutzpatron der Fischer, steht beinahe direkt zwischen den Strandkörben. Kein Wunder also, dass sie nach Zerstörungen im 80-jährigen Krieg auch schon mal von einer Reederei zweckentfremdet genutzt wurde.
- **Vuurtoren**. Der weithin sichtbare Leuchtturm ist der Rest der alten Uferpromenade, die die Deutschen zerbombt haben, und bietet einen schönen Rundumblick über Strand und Stadt.

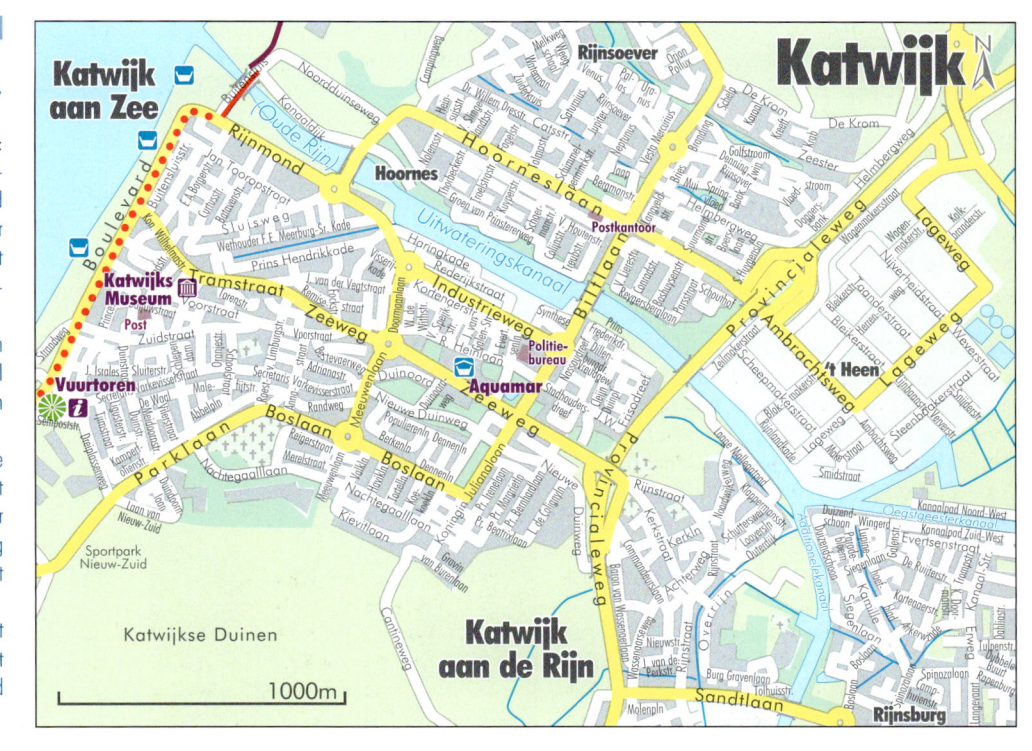

✉ **Aquamar**, Piet Heinlaan 5, ☏ 4015511. Subtropisches Badeparadies drinnen und — je nach Wetter — auch draußen.

Das alte Katwijk aan de Rijn ist mit seinem Pendant „aan Zee" seit langem fest verwachsen. Mittlerweile einer der größten Tourismus- und Badeorte Hollands geworden, spürt man kaum mehr etwas von der früher bedeutenden Küstenfischerei. Und auch die Mündung des Alten Rheins am Nordende des Boulevards fällt als einfacher Düker enttäuschend unscheinbar aus.

Von Katwijk aan Zee nach Zandvoort   21 km

Am nördlichen Ende macht der **Boulevard** einen Rechtsknick ⤳ danach linkshaltend die unansehnliche „Mündung" des Alten Rheins (nl.: Oude Rijn) überqueren (**Buitensluis**) links am Parkplatz entlang, dahinter beginnt der asphaltierte Radweg in die **Staatsduinen** Richtung Noordwijk.

Tipp: Hier muss eine Eintrittskarte gelöst werden.

Nach knapp 3 Kilometern auf die Uferpromenade von **Noordwijk aan Zee** ⤳ auf der Radspur mit Blick aufs Meer den **Koningin Astrid Boulevard** entlang ⤳ schon vor dem riesigen **Huis ter Duin** halbrechts den **Rudolf Tappenbeckweg** leicht hinunter.

Noordwijk
Vorwahl: 071

ℹ **VVV Noordwijk**, De Grent 8, 2202 EK Noordwijk, ☏ 0900/2020404

ℹ **VVV Noordwijkerhout**, Dorpsstraat 10, 2211 GC Noordwijkerhout, ☏ 0252/372096

🏛 **Museumboerderij Oud-Noordwijk** (Museumsbauernhof Alt-Noordwijk), Jan Kroonsplein 4, ☏ 3617884 od. 3618031, ÖZ: Mai-Sept. Di-So 14-17 Uhr, Juni-Aug., Mo-Sa 10-17 Uhr. Im Gehöft aus dem Jahre 1625 findet sich eine Bauernhauseinrichtung aus dem 19. Jh. Maßstabsgetreue Schiffsmodelle und Fotos erinnern daneben an den ehemals florierenden Fischhan-

del, z. T. witzige, historische Badeanzüge an die schon recht lange Geschichte als Badeort.

✳ **Space Expo**, Keplerlaan 3, ☏ 3646446, ÖZ: Di-So 10-17 Uhr, Juli-Aug., auch Mo. Europas größte Raumfahrtausstellung in der größten Niederlassung der europäischen Raumfahrtbehörde ESA zeigt den Aufstieg der „Branche" von ersten Raketen über die Mondlandung bis hin zu modernen Satelliten und Sonden.

✉ **Aqualand Oranje**, Kon. Wilhelminaboulevard 20, ☏ 3676869, ÖZ: Mo-So 8-23.30 Uhr. Subtropisches Badeparadies mit verschiedensten Saunen.

Seit 125 Jahren Badeort, seit 25 Jahren Standort der ESA – hier wurden nicht nur Ariane-Raketen, sondern auch Teile des Spacelab und die Raumsonde Giotto mit entwickelt. Dritter, unübersehbarer Wirtschaftszweig ist hier in der (Bloem-)Bollenstreek („Blumenzwiebellandstrich") natürlich die Zucht der Hyazinthen, Tulpen und Narzissen, die das Land hinter den weiten Dünen bedecken. Jedes Jahr Ende April fährt der berühmte Blumenkorso mit Musikkapellen und Tanzgruppen die 40 Kilometer vorbei am Keukenhof (s. u.) nach Haarlem.

Vor dem Büro des VVV wieder links **De Grent** hinauf ⤳ als Radler dürfen Sie wenige Meter weiter (**Palaceplein**) links über den

Noordzee
Zuid-Holland
Zeeduinen
Van Limburg Stirum Kanaal
Boeveld
Radio Nora
De Blink
Golf-terrein
Aardbeiendel
Noordzijder
Langeveld
polder
Kacheldruin
Noordwijkerhout
Malotedel
Bungalowparken
Mariahoeve
Noordwijkerhoutsche Geest
Noord duinen
Hooghwaeck
Noordzijder polder
Nieuw Leeuwenhorst
Noordwijk aan Zee
Huis ter Duin
Noordwijk
De Halle
Polder Boekhorst
Noordwijk-Binnen
Zwetter polder
Coepelduin
Staatsduinen
W. van den Bergh
Voorhout
Coepelduynen
Space Expo
De Klei
Hoogeweg polder
Noord Duinen
Rijnsoever
Trappenberg
Katwijk aan Zee
Oude Rijn
Jan Zwanenbrug
Katwijk
Kloosterschuur
Elgeester polder
Klinkerberg
't Heen
Koningshof
Rijnsburg
Koestal
Klinkenbergerplas
Koepelduin
Katwijk aan de Rijn
De Hoek
Haaswijk
Katwijkse Duinen
Watertoren
Bloemenbuurt
Frederiksoord
Molenblok
N206
N44
A44
39
5
6
7

Parkplatz zu den Dünen fahren ⁓ davor dann rechts hinüber auf den **Koningin Wilhelminaboulevard** ⁓ deren Radspur entgegen der Einbahnstraße bis zum alten Leuchtturm (**Vuurtoren**) folgen.

⚠ Kurz rechts herum und wieder links ab in den **Bosweg** Richtung Jugendherberge (nl.: Jeugdherberg) ⁓ am Parkplatz am Ende empfängt Sie geradeaus wieder der typische asphaltierte Radweg in die Dünen: es geht Richtung De Zilk und Zandvoort.

An der Gabelung nach gut einem Kilometer rechts halten, weiter auf Asphalt ⁓ wenig später am **Wegepilz Nr. 21590** links Richtung Duindamseslag am Wald entlang ⁓ am **Pilz Nr. 21597** links den Muschelkalkpfad Richtung Zandvoort ⁓ hinter dem Golfplatz am Ende (**Nr. 21596**) links ab auf den Strand zu (**Nordweg**) ⁓ 800 Meter weiter (**Nr. 21594**) rechts ab Richtung Langeveldersiag. Der Radweg geht in einen Klinkerweg über.

Vom Café an der **Kreuzung Langevelder-slag** (Nr. 62518) führt der Dünenradweg weiter geradeaus fast 8 Kilometer am Westrand der Dünen entlang auf Zandvoort zu.

Tipp: Etwa 4 Kilometer landeinwärts von hier kommen Sie zur Blumenschau im berühmten Keukenhof.

Lisse
Vorwahl: 0252

🅟 **Keukenhof**, Stationsweg 166a, ☎ 465555, ÖZ: Mitte März-Mitte Mai, Mo-So 8-19.30 Uhr. Im „Küchenhof" des ehemaligen Jagdschlosses und darum herum gedeiht seit über 50 Jahren die weltgrößte Freiland-Blumenschau. Dazu kommen wechselnd überdachte Sonderausstellungen für etwaige Regentage.

🏛 **Museum De Zwarte Tulp**, Grachtweg 2a - Lisse, ☎ 417900, ÖZ: Di-So 13-17 Uhr

7
8
6
Noordzee
Zandvoort
Bloemendaal aan Zee
Ingang Parnassiaweg
Spartelmeer
Zuid-Kennemerland
De Kar
De Zijp
Bezoekerscentrum
Ingang Koevlak
Bloemen-daal
Het Kopje
Overveen
Watertoren
Belvédère
Kraansvlak
Circuit
Gran Dorado Park
Blinkberg
Vissersped
Kraantje Lek
Duinvliet
Koningshof
Golfterrein
Kieviten-vlak
Aerdenhout
Dr. C.A. Gerkestraat
Ingang
Bentveld
Worstenveld
Noordoosterkanaal
Naaldenveld
Heemstede
Renbaanveld
Van der Vlie kanaal
Mariënbosch
Infiltratiegebied
Amsterdamse Waterleidingduinen
Zeeveld
Groot Zwarte Veld
Groenendaal
Zegveld
Huis te Vogelenzang
Bennebroek
Vogelenzang
Zeeduinen
Haasvelder Duinen
Vogelenveld
Duinpoort
Oosteinde
Vosse- en Weerestein
Weerlaner
Van Limburg Stirum kanaal
Starrenbroek
De Zilk
NSG Langeveldderslag
Zanderij polder
Haarlemmermeer
Nieuw Breeland
Zweefvlieg-centrum
Langeveld
Zilkerpolder
Ruigenhoek
Hillegom
De Meijerij
Beinsdorp
Huis ter Lucht
Maryland
Noordzijder polder
Delfweg
Halfweg
Groote Looster
De Looster
Arnoud
Hogeveense Polder
De Keukenhof
Lisse
Nanne's Hoeve
N 200
N 206
N 208
3,5
1,5
2,5
6,5
9
10.
15.
20.
25.
35.
41

(Führungen auch auf deutsch). Näheres zur Geschichte der Blumenzüchter hier in der Region.

Tipp: Nördlich lockt das Automobilmuseum nach Hillegom.

Hillegom

- **Ford Museum**, Haarlemmerstraat 36, ✆ 0252/518118, ÖZ: Mi-So 10-17 Uhr. Mit über 160 Fahrzeugen aus der ersten Hälfte des 20. Jhs. gilt die private Sammlung als die größte historische dieser Marke, inkl. dem Ford T, der berühmten „Tin Lizzy". Typisch holländisch: ein Wohnmobil aus den 1930er Jahren.

Am Ende des Dünenradwegs (**Wegepilz Nr. 22634**) halbrechts auf der Einbahnstraße **Brederodestraat** nach Zandvoort hinein ↝ am Kreisverkehr **G. Friedhofplein** halbrechts auf der **Brederodestraat** bleiben bis vor zur Kirche.

Zandvoort

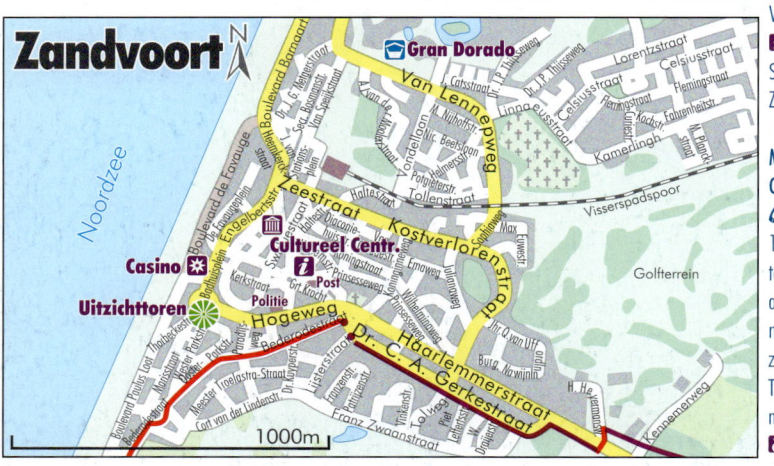

Vorwahl: 023

- **VVV** Zandvoort, Schoolplein 1, 2042 VD Zandvoort, ✆ 5717947.
- **Zandvoorts Museum/Cultureel Centrum**, Swaluestraat, ✆ 5740280, ÖZ: Mi-So 13-17 Uhr. Die Geschichte der Stadt, aufbereitet als Antiquitätenkabinett mit Altertums- und Stilzimmer, gefüllt mit Trachten, Fotos, Zeichnungen und Gemälden.
- **Ned. Hervormde Kerk** (16. Jh.). Die Orgelgalerie ruht auf den Masten des vor der Küste gesunkenen Schiffes „Alba".
- **Bezoekerscentrum Amsterdamse Waterleidingsduinen**, Vogelenzangseweg - Aerdenhout, ✆ 5233584, ÖZ: Mo-So von Sonnenauf- bis Sonnenuntergang. Ein weiterer Eingang ins große Amsterdamer Trinkwasserreservoir (3.300 ha) befindet sich auf Höhe der Zandvoortselaan.
- **Holland Casino Zandvoort**, Badhuisplein 7, ✆ 5749574, ÖZ: Mo-So 13.30-2 Uhr.
- **Park Gran Dorado**, Vondellaan 60, ✆ 5720000. Subtropisches Baden in der Malibu-Halle und je nach Wetter auch Open Air.

Das noble Seebad der Haarlemer – und der deutschen Urlauber – bangt zu recht um seinen sauberen Strand, ausgezeichnet mit der „Blauen Flagge", wenn unweit des Strandes wie geplant ein Ölbohrturm entstehen sollte.

Von Zandvoort nach Harlingen

143 km

Dieser Abschnitt Ihrer Radtour wird vor allem durch eines geprägt: Sand. Aber keine Angst, der Radweg selbst führt immer gut befestigt durch die Dünenlandschaft der Nationalparke „De Kennemerduinen" und „Noord Hollands Duinreservaat". Unvermittelt tauchen zwischendurch hinter den Wohngebieten von IJmuiden Ozeanriesen auf, und Sie überqueren mit der Fähre den Nordseekanal, der das IJsselmeer und vor allem Amsterdam mit der offenen See verbindet. Nach einem Ausflug nach Alkmaar und Bergen endet bald die Dünenküste, und der Nordseeküsten-Radweg wendet sich als LF 10 (Waddenzeeroute) gen Nordosten. Durch weite Polder ziehen Sie zwischen den ehemaligen Inseln dahin und überqueren den gewaltigen Abschlussdeich nach Friesland. Immer am Deich ist die friesische Seestadt Harlingen bald erreicht.

Außerhalb der autofreien Dünengebiete bewegen Sie sich hier hauptsächlich auf kleinen, wenig befahrenen Straßen. Am Abschlussdeich ist der laute Verkehr allerdings nur wenige Meter vom breiten Radweg entfernt.

Von Zandvoort
zum Abzweig nach Haarlem 6,5 km

Die Noordzeeroute folgt rechts der Hauptstraße (**C. A. Gerkestraat**) Richtung Haarlem ~ nach Einmündung auf die breite **Zandvoortselaan** am Ortsrand die erste Möglichkeit links in den **Heijermansweg** ~ gleich wieder rechts auf einen Radweg ~ am Ende rechts und zwischen Zäunen hindurch verabschiedet sich das noble Zandvoort mit Tennisplätzen und Golfplatz ~ leicht bergan den ersten Weg mit Umlaufschranken geradeaus queren ~ am **Partycentrum De Manege** links ab in die Dünen ~ vorbei an Bunkerresten taucht linker Hand bald die Eisenbahn auf, die auf dem alten **Visserspad** verläuft ~ rechts ab und wellig neben der Bahn weiter ~ hinter den Umlaufschranken unten im Wald rechts ~ am über 400 Jahre alten Gasthaus **Kraantje Lek** links ab auf den straßenbegleitenden Radweg ~ auf dem **Duinlustweg** am Schloss vorbei stößt die Route an eine Vorfahrtsstraße, den **Brouwerskolkweg**.

Het Kraantje Lek

Tipp: Nach rechts bietet sich ein Abstecher nach Haarlem und zum Hauptbahnhof an. Der Nordseeküsten-Radweg führt auf der anderen Straßenseite nach links weiter.

Abstecher nach Haarlem 9 km

Rechts folgen Sie dem Radweg am **Brouwerskolkweg** bis zur großen Kreuzung ~ es geht hinüber und halbrechts in die **Ramplaan** in das gleichnamige Quartier ~ die erste Möglichkerit links in die **Rollandslaan** ~ diese geht am Ende der Bebauung geradeaus in den **Vlaamseweg** über ~ nach Querung des mehrspurigen **Westelijke Randweg** parallel der Straße **De Ruijterweg** über die Bahn ~ dahinter geradeaus in die **Westergracht** durch das Viertel Leidsebuurt ~ am Ende rechts ein Stück auf der Straße **Leidsevaart** am gleichnamigen Kanal entlang ~ die erste Brücke nach links und wenig später halblinks in die **Templierstraat**, der Sie auch über die größere Kreuzung hinweg folgen, in das Viertel **Kleine Houtweg** ~ hinter der Post am Ende links auf den **Houtplein** ~ über den **Singel** (eine schmale Gracht) erreichen Sie das historische Zentrum von Haarlem, geradeaus beginnt die Fußgängerzone **Grote Houtstraat**.

Tipp: Aufgrund der vielen Einbahnstraßen bieten wir folgend eine zirka 2 Kilometer lange Variante zum Hauptbahnhof (Centraalstation) an. Ansonsten können Sie die Altstadt besser mit unserem Ortsplan auf eigene Faust erkunden.

Etwa 800 Meter radeln Sie die **Grote Houtstraat** entlang bis zum **Grote Markt** ~ hier rechts ab und in Folge links an der großen St. Bavokerk vorbei ~ wieder mit Autoverkehr halblinks in die Einbahnstraße

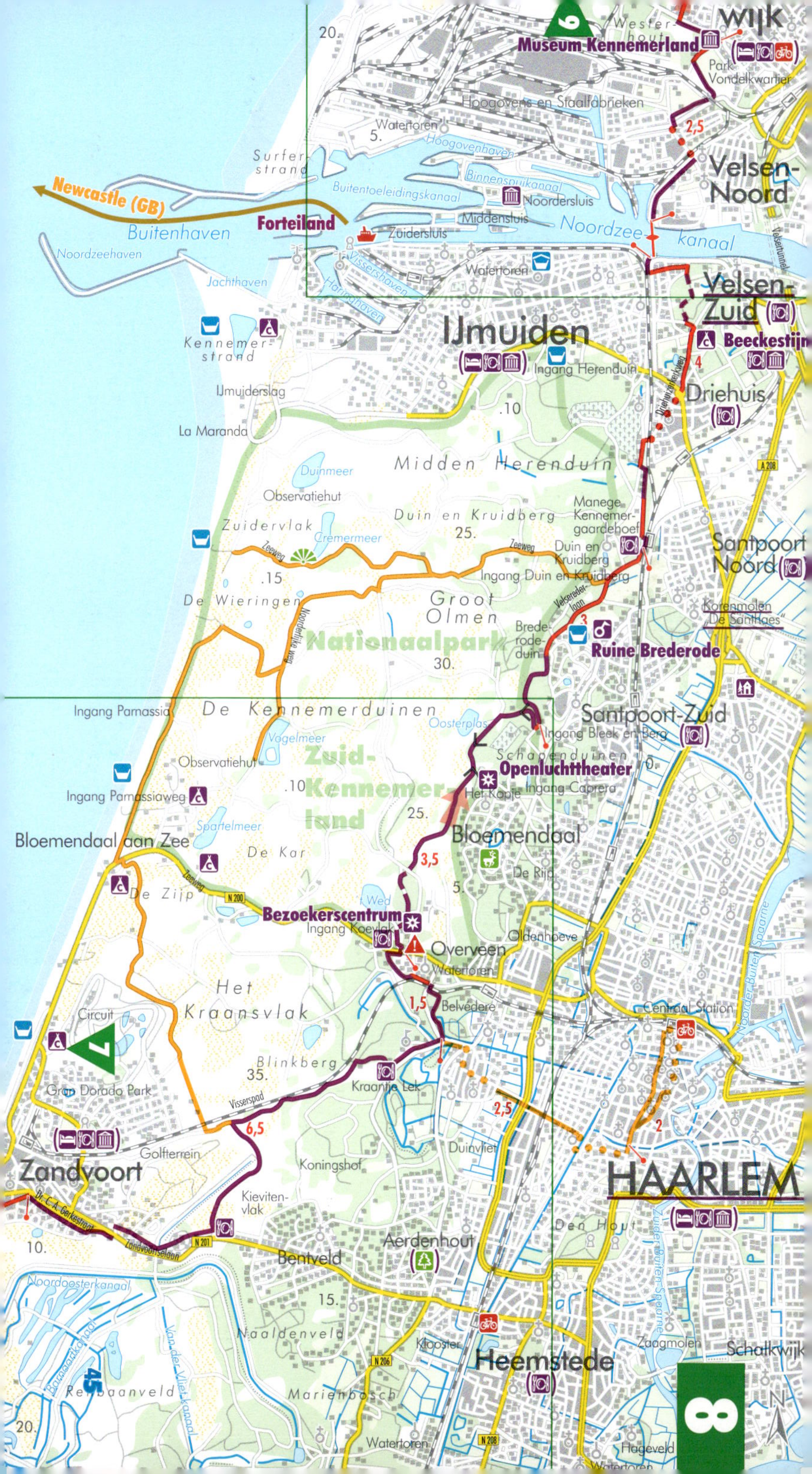

Jansstraat ~ diese geht geradeaus hinter der Nieuwe Gracht in den **Jansweg** über ~ geradeaus durch den **Stationsbuurt** ~ vor der Eisenbahnunterführung kommt man links über den **Stationsplein** zum Hauptbahnhof Haarlem C. S.

Haarlem
Vorwahl: 023

- **VVV Haarlem**, Stationsplein 1, 2011 LR Haarlem, ✆ 0900/6161600
- **Frans Halsmuseum**, Groot Heiligland 62, ✆ 5115775, ÖZ: Mo-Sa 11-17 Uhr, So/Fei 12-17 Uhr. Bildende Kunst, vor allem von Frans Hals.
- **Teylers Museum**, Spaarne 16, ✆ 5319010, ÖZ: Di-Sa 10-17 Uhr, So/Fei 12-17 Uhr. Das älteste Museum der Niederlande (eröffnet 1784) zeigt Naturkundliches und ein Kabinett alter Zeichnungen und Stiche.
- **Historisch Museum Zuid-Kennemerland**, Groot Heiligland 47, ✆ 5422427. Im gleichen Komplex finden Sie das Stripmuseum (Comicmus.), das Fotoarchief „Spaarnestad" und das ABC-Architekturzentrum.
- **Theo-Swagemakers-Museum**, Stoofsteg 6 (schwarz), ✆ 5327761, ÖZ: Do-So 13-17 Uhr. Stilleben, Landschafts- und Seebilder, aber vor allem Porträts von einem der bekanntesten niederländischen Maler des 20. Jhs.
- **Grote oder St. Bavokerk**, Grote Markt / Eingang Oude Groenmarkt 23, ÖZ: Mo-Sa 10-16 Uhr. Die spätgotische Kirche (1370-1520) behütet die Gräber von Frans Hals und dem Stadtbaumeister Lieven de Key. Auf der barocken Müller-Orgel, einer der Weltgrößten, spielten angeblich schon Händel und Mozart. Heute finden regelmäßig Orgelkonzerte statt.
- **Nieuwe Kerk** (17. Jh.), Nieuwe Kerksplein 32. Die Backsteinkirche von Jacob van Campen verweist nur noch mit dem Renaissanceturm von Lieven de Key auf ihre abgebrannte Vorgängerin.
- **Stadhuis**, Grote Markt, ✆ 5310823, ÖZ: Mo-Fr, nur n. tel. V. Das ehemalige Jagdschloss der holländischen Grafen (13. Jh.) wurde von Lieven de Key prachtvoll umgebaut und erweitert. Seit Beginn des 20. Jhs. erstrahlt neben der Außentreppe auch der alte Turm (orig. 1460) wieder neu.
- **Vleeshal** (1603), Grote Markt 18. Die Fleischhalle ist ein prachtvoller Renaissancebau von Lieven de Key. Oben finden Sie die Ausstellungen des Kunstzentrums De Hallen (ÖZ: Mo-Sa 11-17 Uhr, So/Fei 12-17 Uhr), im Keller ist das Archeologisch Museum (ÖZ: Mi-So 13-17 Uhr) untergebracht.
- **Grachtenfahrten Wolthuis Cruises**, ✆ 5357723, Abfahrt April-Okt., Mo-So 10.30 Uhr, 12 Uhr, 13.30 Uhr, 15 Uhr und 16.30 Uhr, Spaarne gegenüber Damstraat. Mit günstiger Kombikarte für die bedeutendsten städtischen Museen lohnt sich diese Rundfahrt auf den Haarlemer Kanälen.
- **Kanu- und Wasserfahrradvermietung**, Camping De Liede, Lieoever 68, ✆ 5332360.
- **Stationsrijwielstalling** (Fahrradgeschäft am Hauptbahnhof Haarlem CS), ✆ 5317066

Die Provinzhauptstadt Noord-Hollands gilt als die Stadt der Hofjes, der kleinen alten Wohnhöfe. In der Tat ist die historische Bausubstanz in weiten Teilen erhalten. Sie entstammt vor allem dem Goldenen Zeitalter im 16.-17. Jahrhundert. Doch bereits seit dem Mittelalter war Haarlem fürstliche Residenz der Grafen von Holland. Der Glanz dieser Tage wurde jedoch durch die 5-jährige spanische Besatzung zerstört, in der auch fast die gesamte Bevölkerung hingerichtet wurde. Erst der berühmte Willem van Oranje brach den Widerstand und für die Stadt begann das Goldene Jahrhundert.

Zu dieser Zeit schufen neben den Baumeistern auch die Maler Jacob van Ruysdael, Adriaen van Ostade und allen voran Frans Hals berühmte Werke in ihren Haarlemer Ateliers.

Sie biegen vor dem Bahnhof rechts ab und stoßen auf den **Kruisweg** ~ diesem folgen

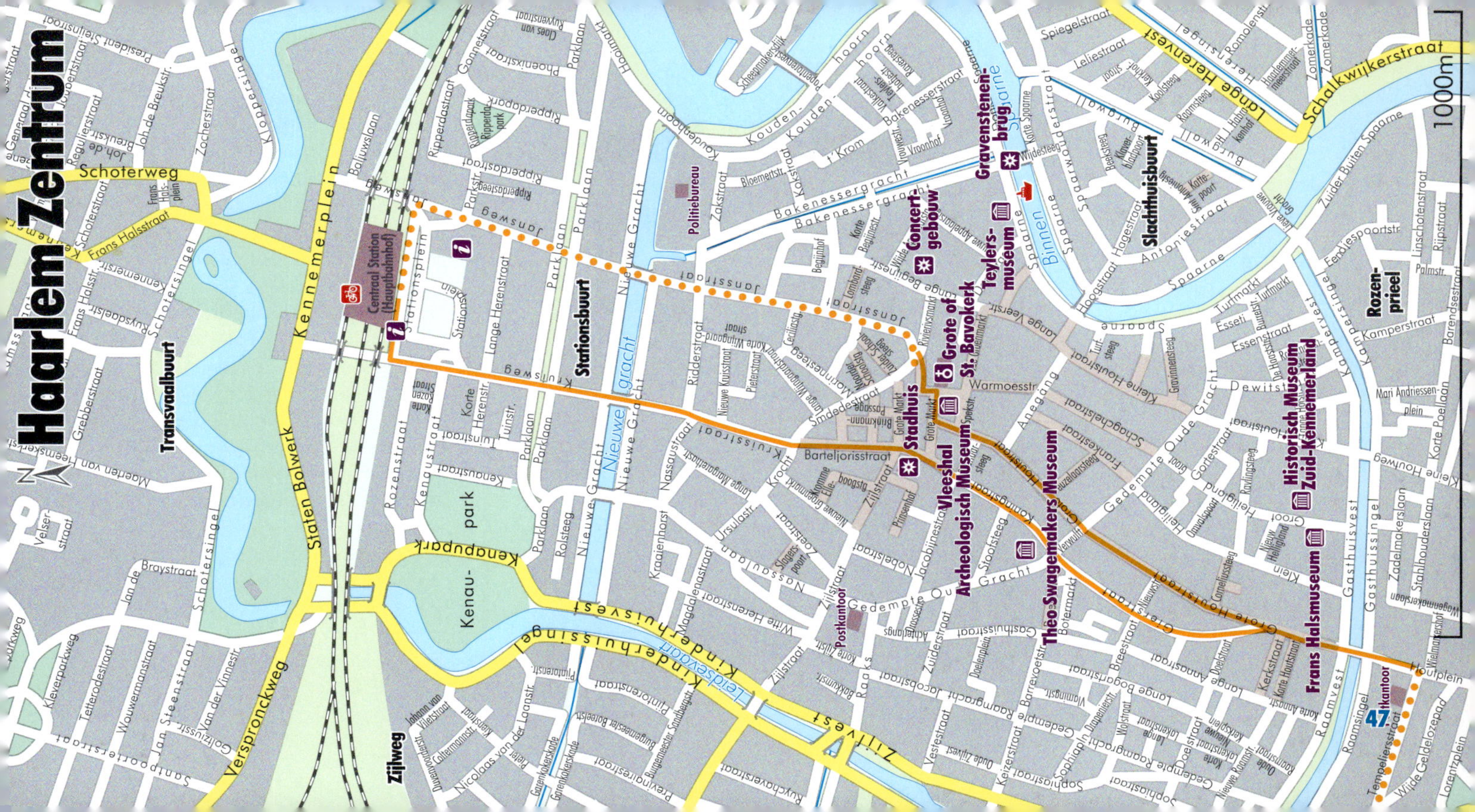

Haarlem Zentrum
1000m
Centraal Station (Hauptbahnhof)
Stationsbuurt
Transvaalbuurt
Slachthuisbuurt
Rozenprieel
Politiebureau
Concertgebouw
Grote of St. Bavokerk
Teylers-museum
Gravenstenenbrug
Stadhuis
Vleeshal Archeologisch Museum
Theo Swagemakers Museum
Historisch Museum Zuid-Kennemerland
Frans Halsmuseum
Postkantoor
Kenaupark
Schoterweg
Frans Halsstraat
Kennemerplein
Staten Bolwerk
Verspronckweg
Zijlweg
Kenaupark
Kinderhuissingel
Kinderhuisvest
Leidsevaart
Zijlvest
Nieuwe Gracht
Jansweg
Janstraat
Kruisweg
Kruisstraat
Barteljorisstraat
Bakenessergracht
Binnen Spaarne
Spaarne
Lange Herenvest
Schalkwijkerstraat
Zuider Buiten Spaarne
Kampersingel
Gasthuisvest
Raamvest
Gedempte Oude Gracht
Grote Houtstraat
Anegang
Warmoesstr.
Smedestraat
Parklaan
Houtplein
47

Sie durch das Stadtviertel **Stationsbuurt** immer geradeaus ↝ über die **Nieuwe Gracht** in die **Kruisstraat** kommen Sie ins Zentrum ↝ geradewegs durch die Fußgängerzone **Barteljorisstraat** ↝ weiter die Einbahnstraße **Koningstraat** ↝ immer noch geradeaus bringt Sie die erneut für Kraftfahrer gesperrte **Gierstraat** bis zur **Doelstraat** ↝ an dieser T-Kreuzung kurz links und wieder rechts auf die **Grote Houtstraat** ↝ nach rechts über einen Singel aus der Altstadt hinaus.

Ein Stück geradeaus über den **Houtplein**, dann rechts in die **Templiersstraat** ↝ Sie passieren die Post und queren später die große **Van Eedenstraat** ↝ geradeaus und an der nächsten Kreuzung halblinks weiter auf der **Templiersstraat** ↝ kurz halbrechts kommen Sie über die **Leidsevaart** ↝ dahinter rechts in die gleichnamige große Straße ↝ hinter einem Museum und Turm links in die Straße **Westergracht** ↝ Sie queren geradewegs die Bahn in die Straße **De Ruijterweg** ↝ rechter Hand das **Freibad De Houtvaart**, geht es hinter dem mehrspurigen **Westerlijke Randweg** aus dem Stadtviertel

Im Nationaalpark De Kennemerduinen

Leidsebuurt hinaus ↝ geradeaus auf dem **Vlaamseweg** hinüber ins Ramplaankwartier ↝ geradeaus über die **Rollandslaan** in die **Ramplaan** ↝ hier rechts ab ↝ am Ende halblinks über die große Kreuzung hinweg in den **Brouwerskolkweg** ↝ an der nächsten Gabelung mündet von links vorn der Nordseeküsten-Radweg LF 1b ein.

Vom Abzweig Haarlem nach IJmuiden (Fähre Velsen-Zuid)   12 km

Auf der nördlichen Seite des **Brouwerskolkweg** Richtung Bloemendaal ↝ der Radweg folgt – etwas abgesetzt von der Straße – den Kurven des Gewässers Brouwerskolk, der rechts unterhalb liegt ↝ am schwarzen Holzhaus links halten ↝ vor der Eisenbahn geht´s links zurück an die Straße ↝ nach der Bahnbrücke links in die Sackgasse **Tetterodeweg** ↝ der anschließende Radweg ins Wassergewinnungsgebiet beschreibt hinter der Feuerwehr einen Rechtsbogen ↝ erhöht an Dünentälern vorbei fahrend immer leicht rechts halten ↝ der **Tetterodeweg** kommt an die Vorfahrtsstraße **Zeeweg**, wo es kurz scharf nach rechts auf den Radweg geht.

Am erneuten Beginn des Wassergewinnungsgebietes links über die Hauptverkehrsstraße ⚠ zum Eingang **Koevlak** vom **Nationalpark De Kennemerduinen** ↝ halblinks weiter.

Hinter dem Parkplatz geht der Weg in einen Fuß- und Radweg über ↝ am Rastplatz mit Café vorbei noch asphaltiert ↝ rechts herum Richtung Bergweg ist der Weg ein Stück weit geschottert ↝ ab der Kreuzung mit dem Sträßchen wieder geradeaus auf Asphalt ↝ nach offenerem Buschland kommt man am

Innenhang der Brederodeduin

Ostrand der Dünen in schattigen Kiefernwald, rechts sieht man auf den Hügeln die ersten Häuser von **Bloemendaal** ↝ die Route geht einen Hügel sanft hinauf und wieder hinunter ↝ bergab am Speelterrein Albrechtsbos vorbei ↝ an der Gabelung mündet von links ein Fußweg vom Oosterplas, es geht geradeaus weiter ↝ wenig später rechts halten hinunter Richtung Ingang Bleek en Berg und Santpoort ↝ vorbei am **Speelterrein Bergplei** ↝ am Parkplatz verlassen Sie den Nationalpark ↝ hinter den kleinen gelben Betonpfeilern scharf links abzweigen; geradeaus führt die Straße und die Radroute Rondje Haarlem nach Bloemendaal hinein.

Bloemendaal
Vorwahl: 023
- **Thijsse's hof**, Mollaan 4, ✆ 5262700. Garten mit heimischen Pflanzen und Vögel.

Overveen
- Besucherzentrum Nationaalpark Zuid-Kennemerland, Zeeweg, ✆ 023/5257484

Hinter dem Parkplatz am Hockeyclub auf dem asphaltierten Radweg weiter ↝ eingezäunt leicht bergan am Rand des Nationalparks entlang ↝ linker Hand ein trockenes Dünental, geht es im Rechtsbogen weiter ↝ im Linksbogen eine Buchenallee hinunter ↝ nun auf der Innenseite des letzten, bewaldeten Dünenkammes entlang; hinter dem Pfahl an den Häusern von **Brederodeduin** wieder „Anlieger frei" ↝ am Ende des Waldes taucht rechts auf einer weiten Weide die **Ruine Brederode** auf ↝ halblinks auf die **Velserenderlaan** und an der Wiese entlang ↝ am Ende – von rechts kommt der **Middenduinerweg** – links auf den **Duin en Kruidbergerweg** hinein nach **Santpoort-Noord**.

Ruine Brederode

Santpoort
Vorwahl: 023
- **Ruine Brederode**, Velserenderlaan 2, ✆ 5378763. Ausstellung mittelalterlicher Gebrauchsgegenstände.

Nach wenigen Metern auf dem holprigen Pflaster des **Duin en Kruidbergerweg** bietet sich nach links durch den Wald ein Blick auf das **Schloss Duin en Kruidberg** ↝ an einem Häuschen macht die Straße einen Linksknick, die LF1b biegt mit der Beecksteinroute geradeaus auf den **Kennemergaardeweg** ab ↝ vor der Bahn links ab zur **Manege Kennemergaarde** ↝ am Bahnhof rechter Hand

Driehuizerkerkweg

leicht nach rechts versetzt geradeaus und befestigt weiter ↝ am Reiterhof mit Café vorbei bahnparallel auf eine lockere Allee ↝ am Linksknick der Straße geradeaus in den Kiefernwald abzweigen ↝ hinter dem Landschulheim mündet der Weg auf eine Straße und Sie halten sich rechts nach **IJmuiden** hinein. ↝

Vor dem Friedhof (nl.: Begraafplaats) rechts über die Bahngleise ↝ direkt halblinks auf den **Driehuizerkerkweg** ↝ auf dieser historischen Straße vorbei an der Kirche.

Driehuis

Mit der Beeckesteinroute geradeaus über die **Feithlaan** ↝ den Kreisverkehr am Eiscafé quert die LF-Route geradeaus (**Driehuizerkerkweg**) ↝ an der nächsten Gabelung halten Sie sich geradeaus in die Sackgasse (**Driehuizerkerkweg**) Richtung Campingplatz; die Beeckesteinroute zweigt halbrechts ab.

Tipp: Zum Museum Beeckestein kommen Sie hier über den Waterlandweg. Am Ende rechts in den Bosweg und am Rijksweg erneut kurz rechts.

Velsen-Zuid
Vorwahl: 0255

🚢 Fähre nach Velsen-Noord, Fährzeiten: Mo-So 7-23 Uhr, ☎ 0251/262000.

✠ Landhaus Beeckestijn (18. Jh.), Rijksweg 136, ☎ 512091, ÖZ: Mi-So/Fei 12-17 Uhr. Repräsentative Außenanlagen und Stilzimmer mit einer Kollektion von Fächern.

Hinter der Absperrung am Ende, wo es rechts zum Campingplatz abgeht, halblinks in die **Ver Loren van Themaatlaan** ↝ kurz später rechts durch ein Tor auf den hell geschotterten Radweg in den Park (**Velserbeek**) hinein ↝ nach einem Linksknick entlang des Walls durch eine Buchenallee ↝ am Ende geradeaus über ein Holzbrückchen und erneut durch ein Tor rechts auf die Wohnstraße ↝ an der nächsten Kreuzung links auf der **Dr. Kuyperlaan** ins Wohngebiet von **Velsen-Zuid**.

Am Ende die große **Minister van Houtenlaan** queren und mit dieser rechts zur Fähre über den **Noordzeekanaal** hinüber. Linker Hand hinter der Bahn liegt das Zentrum von IJmuiden.

IJmuiden
Vorwahl: 0255

ℹ VVV IJmuiden, Zeeweg 189-191, 1971 HB IJmuiden, ☎ 515611

🚢 Fähre nach Newcastle (GB), DFDS Seaways, Hamburg, ☎ 0049/40/389030

🏛 Pieter Vermeulenmuseum, Moerbergplantsoen 20, ☎ 536726, ÖZ:

IJmuiden / Velsen
Velsen-Noord
Velsen-Zuid
IJmuiden
Driehuis
Binnenspuikanaal
Buitentoeleidingskanaal
Noordzeekanaal
Vissershaven
Haringhaven
Velsertunnel
nach Newcastle (GB)
Vuurtoren
Zee- en Havenmuseum
Pieter Vermeulenmuseum
De Hoogeberg
Postkantoor
Engelmunduskerk
Politie
Stads-Schouwburg
Ziekenhuis
Stadion Telstar
Openluchtbad Heerenduin
Museum Landgoed Beeckestijn
Landgoed Velserbeek
Sportpark Zeewijk
Heerenduinen
Nationaalpark Zuid-Kennemerland
Waterland
Schoonenberg
Hoogergeest
Kanaaldijk
De Geul
Stationsweg
Parkweg
Rijksweg
Pontweg
De Nootstraat
Lange Nieuwstraat
Minister van Houtenlaan
Heerenduinweg
Planetenweg
Dokweg
Raafstraat
Zeeweg
Waterloolaan
Driehuizerkerkweg
Waterlandweg
Bosweg
Kweekensteinsweg
Noordersluisweg
Middensluisweg
Zuidersluisweg
Steigerweg
Sluisplein
Halkade
Havenkade
Haringkade
IJmuiderstraatweg
Velserdijk
Meervlietstraat
Verloren van Themaatlaan
Tolsduinerweg
P. C. Hooftln
1000m
51

Di-Fr, So 13-17 Uhr. Naturwissenschaftliches Museum auf den Spuren von Pieter Vermeulen. Schwerpunkt: der Zug der Vögel.
- See- und Hafenmuseum „De Visserijschool", Havenkade 55, ✆ 538007, ÖZ: Mi, Sa, So 13-17 Uhr.
- Festungsinsel Forteiland

Von Beverwijk (Fähre Velsen-Noord) nach Egmond aan den Hoef   23 km

Nach kurzer Überquerung des Noordzeekanaals geradeaus dem Radweg am **Pontweg** folgen ↝ mit Blick auf die Hochöfen und Stahlfabriken, die sich linker Hand bis fast zur Küste erstrecken, weiter in Richtung Beverwijk und Alkmaar ↝ der Wegweisung folgend an der großen Kreuzung nach links auf den **Grote Hout- of Koningsweg** und über die Bahngleise ↝ direkt nach der Ampelkreuzung mit der breiten **Wenckebachstraat** rechts in den Radweg am **Sportpark Rooswijk** entlang ↝ hinter der Bahnunterführung links ins Park **Vondelkwartier** ↝ an der T-Kreuzung vor dem Park Westerhout rechts auf den **Westerhoutweg** ↝ am **Westerhoutplein** am Ende befindet sich links das Museum Kennemerland, halbrechts liegt das Zentrum von Beverwijk.

Noordzeekanaal

Beverwijk/Wijk aan Zee
Vorwahl: 0251
- VVV Wijk aan Zee, Julianaplein 3, Wijk aan Zee, ✆ 374253
- Museum Kennemerland
- Schellevis, Voorstraat 18, ✆ 374257
- Stationsrijwielstalling (Fahrradgeschäft am Bahnhof), ✆ 226773.

Wijk an Zee war lange Zeit ein Fischerhafen, die Bewohner lebten vom Reichtum des Meeres. Durch den Niedergang der Fischerei verlor der Hafen seine regionale Vormachtstellung. Im frühen 19. Jahrhundert lebten hier nur wenig mehr als 200 Menschen. Sie waren auf Almosen anderer angwiesen, ihre Not war groß. Alten Legenden zufolge sollen die Bewohner von Wijk van Zee in stürmischen Nächten mehrere Feuer auf der höchsten Düne des Dorfes entzündet haben, um so die vorbeifahrenden Schiffe zu irritieren. Strandeten die Schiffe, wurde die Ladung geplündert und die ärgste Not war für ein paar Wochen etwas gelindert.

1860 entstand eine kleine Herberge am Strand, einige Jahre später wurde das erste Kurhotel in der Zwaanstraat eröffnet. Seither ist Wijk van Zee ein anerkannter Badeort und erfreut sich steigender Beliebtheit. Früher wurden die Gäste mit Pferdekutschen ans Meer gefahren, dem heilende Kräfte nachgesagt wurden und das in Flaschen abgefüllte Salzwasser fand bei den Kurgästen reißenden Absatz.

In Fahrtrichtung links begleitet ein Radweg die **Zeestraat** Richtung Wijk aan Zee ↝ wo die Wohnbebauung endet, rechts ab in die **Creutzberglaan** ↝ am Ende von Beverwijk nach einem Rechts-Links-Knick geradewegs über den Plesmanweg in den **Voorweg** ↝ dessen Verlauf kurvig durch

9
10
8
53
Noordhollands Duinreservaat
Castricum
Beverwijk
Heemskerk
Uitgeest
Limmen
Velsen-Noord
Velsen-Zuid
IJmuiden
Wijk aan Zee
Castricum aan Zee
Egmond-Binnen
Abdij van Egmond
St. Aelbersput
Bakkum-Noord
Bakkum
Bezoekerscentrum De Hoep
Duin en Bosch
Museum Kennemerland
Beverwijkse Bazaar
Noordzeekanaal
Staringweg
Van Oldenborghweg
Watervlakweg
Creutzberglaan
Heerenweg
Hoogovens en Staalfabrieken
Noordersluis
Middensluis
Zuidersluis
Vissershaven
Buitentoeleidingskanaal
Binnenspuikanaal
Heemskerkerduin
Zuidhoek
Commandeurs
Noorddorp
Assum
Oosterbuurt
Molendijk
Kabel
Westerduinen
Russenduin
Zuidernollen
Hazenduin
Vogelduin
Uitzichtduin
Koepelduin
Westerberg
Wet van Brasser
Pompstation Wim Mensink
Infiltratieveld
Vogelobservatiehut
Zweefvliegveld
Berkenbosch
Berenweide
Groote Vlak
Verbrande Vlak
De Kruisberg
Kijk-uit
Russenbergen
Castricummer polder
Limmer polder
Heemskerkernoordbroekpolder
Wijkerbroek
Noorder Buitendijken
Buitenlanden
Westerhout
Park Vondelkwartier
Minister van Houtenlaan
Watertoren
N 203
De Kil
Assumburg

die weite Gartenbaulandschaft bis zum Wald folgen.

Heemskerkerduin

Hier hinter der Rechtskurve knickt die Route nach links in das **Noord Hollands Duinreservaat** ab ↝ danach gleich rechts auf den asphaltierten Achterweg.

⚠ **Tipp:** Achtung, der wegweisende Pilz steht versteckt rechts in der Kurve!

Dem geschwungenen Verlauf des Hauptweges (**Achterweg**) folgen ↝ geradeaus den **Zwarte Weg** kreuzen und auf Pflaster hinaus auf eine Schafsweide ↝ an Torfseen und in Folge am **Steenveld**, das rechter Hand liegt, vorbei ↝ wieder im Buschwald halblinks auf dem **Watervlakweg** ↝ von rechts hinten mündet der asphaltierte **Hoofdweg** und die Route biegt dem Pilzwegweiser folgend nach links ein ↝ linker Hand eine weite Freifläche, die zum Teil als Segelflugplatz (nl.: Zweefvliegveld) genutzt wird.

Nach Kreuzung mit dem Fußweg **Slingerweg** im weiten Linksbogen und Linksknick am Waldrand bleiben ↝ rechts eine Vogelbeobachtungshütte mit Blick auf einen großen Dünensee mit Kormorankolonie ↝ wenig später hören Wald und Büsche ganz auf und Sie biegen vor einem Aussichtspunkt scharf nach rechts ab ↝ geradeaus über die weite Fläche, wo Trinkwasser durch die Dünen filtriert wird.

Vor dem Waldrand halblinks den Wegweisern der **Duin en Strandwalroute** nach ↝ nun bereits auf dem **Van Oldenborghweg** im Rechtsbogen am Wald entlang und geradewegs über die Straße, die Castricum aan Zee linker Hand mit dem Hauptort verbindet.

Tipp: Castricum selbst kann über den Zeeweg in etwa 4 Kilometer Entfernung hinter dem Dünenwald erreicht werden.

Kormorankolonie an der Beobachtungshütte

Castricum
Vorwahl: 0251

🛈 **VVV Castricum**, Dorpstraat 54, ✆ 652009.

🏛 **Nieuwe Hervormde Kerk**, Dorpstraat 57-59. Die romanisch-gotische Kirche ist das einzige historische Denkmal von Castricum. Sie stammt aus dem 15. Jh., die ältesten Teile sind jedoch ca. 300 Jahre älter.

🏛 **Besucherzentrum De Hoep**, Johannisweg 2, ✆ 661066. Hier erfahren Sie viel über die Flora und Fauna des Dünenreservates und es gibt einen kleinen Lehrgarten.

🚲 **Stationsrijwielstalling** (Fahrradgeschäft am Bahnhof), Stationsweg, ✆ 654035.

Der gepflasterte **Van Oldenborghweg** zieht sich weiter zwischen offenen Dünen links und Wald rechts dahin ↝ nach knapp 2,5 Kilometern hinter dem kleinen Spielplatz im Linksbogen in den Kiefernwald hinein ↝ an der Kreuzung weiter geradeaus der **Duinstreekroute** folgen ↝ im Rechtsbogen am Waldrand unterhalb der Dünen weiter (halblinks gibt es eine Aussichtsdüne (nl.: Uitzichtduin) und einen Weg zum Strand) ↝ einen guten Kilometer später wird der **Lage Weg** geradewegs überquert ↝ am Waldende kreuzt ein Reiterpfad und es geht zwischen Sanddornbüschen auf **Egmond-Binnen** zu ↝ am Pilz Nr. 22883 mündet von rechts der **Staringweg** und die Route knickt scharf nach links Richtung Egmond ab ↝ zwischen Wald und Weiden wird nach einer S-Kurve der **Middenweg** erreicht, der geradeaus überquert wird; rechts liegt Egmond-Binnen.

Egmond-Binnen
Vorwahl: 072

✳ **Kerzenmacherei** St. Adelbertabdij, Vennewatersweg 27, ☎ 5062786.

Sie radeln weiter am Wald linker Hand entlang (**Van Oldenborghweg**), nach rechts bieten sich Ausblicke über das flache Dünenhinterland (geschütztes Vogelbrutgebiet) ↝ vor dem Schild „duinbegrazing" links halten ↝ nach weiteren 500 Metern an einer Schranke mündet von rechts ein Asphaltweg und es geht links weiter ↝ am Parkplatz wieder gepflastert und man sieht rechter Hand erneut Tulpen- und Narzissenfelder ↝ halbrechts unterhalb der Dünen auf dem holprigen Weg (**Van Oldenborghweg**) bleiben ↝ nach knapp 2 Kilometern ist an der großen Straße **Egmond aan Zee** erreicht, das sich links bis zum Strand erstreckt.

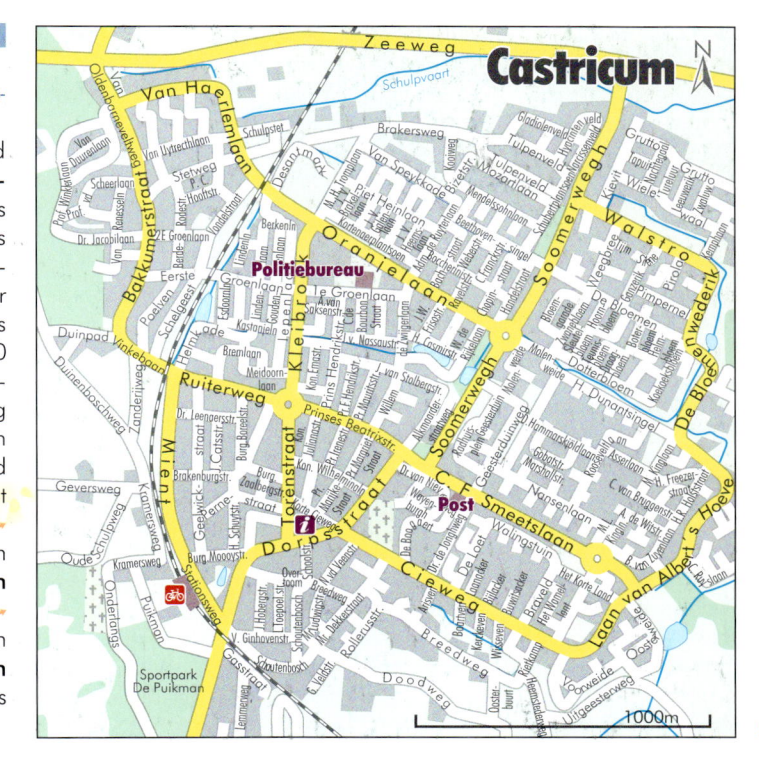

55

Bei Egmond aan den Hoef

Egmond aan Zee
Vorwahl: 072
- **VVV Egmond aan Zee**, Voorstraat 82a, ✆ 5813100
- **Museum van Egmond**, Zuiderstraat 7, ✆ 5064108, ÖZ: Juni-Sept. Di-So 14-16 Uhr, Juni-Aug., auch Di-Do 19-21 Uhr. Stadtgeschichte von Egmond.
- **Museum Prins Henrik Stichting**, Voorstraat 41, ✆ 5061224. Im Museum dieser Stiftung finden Sie alte Schiffsmodelle.

Kurz rechts auf den Radweg am **Egmonderstraatweg** – die erste Möglichkeit nach links über die stark befahrene Straße ⚠ auf den **Delverspad** in Richtung Bergen und Schoorl – vor den Dünen macht der Weg einen Rechtsbogen und auf dem **Nachtega-lenpad** stoßen Sie am alten Kloster wieder an eine Straße.

Egmond aan den Hoef
Vorwahl: 072
- **Schlosskapelle (Slotkapel)**, Slotweg 19, ✆ 5062033

Tipp: Auf den breiten Radwegen entlang der Hauptstraße gelangen Sie bequem und schnell nach Alkmaar – oder schöner und ebenfalls beschildert über die LF-Route 15.

Variante über Alkmaar, Bergen und Schoorl   23 km

Hierzu kurz rechts im Verkehr und an der großen Kreuzung links auf den Radweg Richtung Alkmaar entlang der N512 – nach knapp 6 Kilometern am Stadtrand den großen **Martin Luther Kingweg** unterqueren – immer gerade mit der **Terborchlaan**, bis Sie anstoßen – dort links in die **Bloemaertlaan** und nach Linksbogen rechts auf die **J. De Heemstraat** – erneut rechts ab und die Bahnlinie queren – immer geradeaus erreichen Sie schließlich über die **Lindenlaan** das Stadtzentrum von Alkmaar (s. Stadtplan).

Alkmaar
Vorwahl: 072
- **VVV Alkmaar**, Waagplein 2-3, ✆ 5114284
- **Grachtenfahrten**, ab Mient (in der Nähe der Stadtwaage), Fahrzeiten: April-Okt., Mo-So ab 11 Uhr stündl., Mai-Aug., Mo-So ab 11 Uhr stündl.
- **De Waag-Het Hollands Kaasmuseum**, Waagplein 2, ✆ 5114284, ÖZ: April-Okt., Mo-Do, Sa 10-16 Uhr, Fr 9-16 Uhr. Das Gebäude diente seit 1341 erst als Kapelle, dann ab 1582 als Waage. Heute erklärt die Ausstellung im Museum die Herstellung von Molkereiprodukten. Sehenswert auch das Reiterspiel im Turm, das zu jeder vollen Stunde zu sehen ist.
- **Stedelijk Museum**, Canadaplein, Tel. 5489789, ÖZ: Di-Fr 10-17 Uhr, Sa, So 13-17 Uhr. Heimatkundliches Museum mit

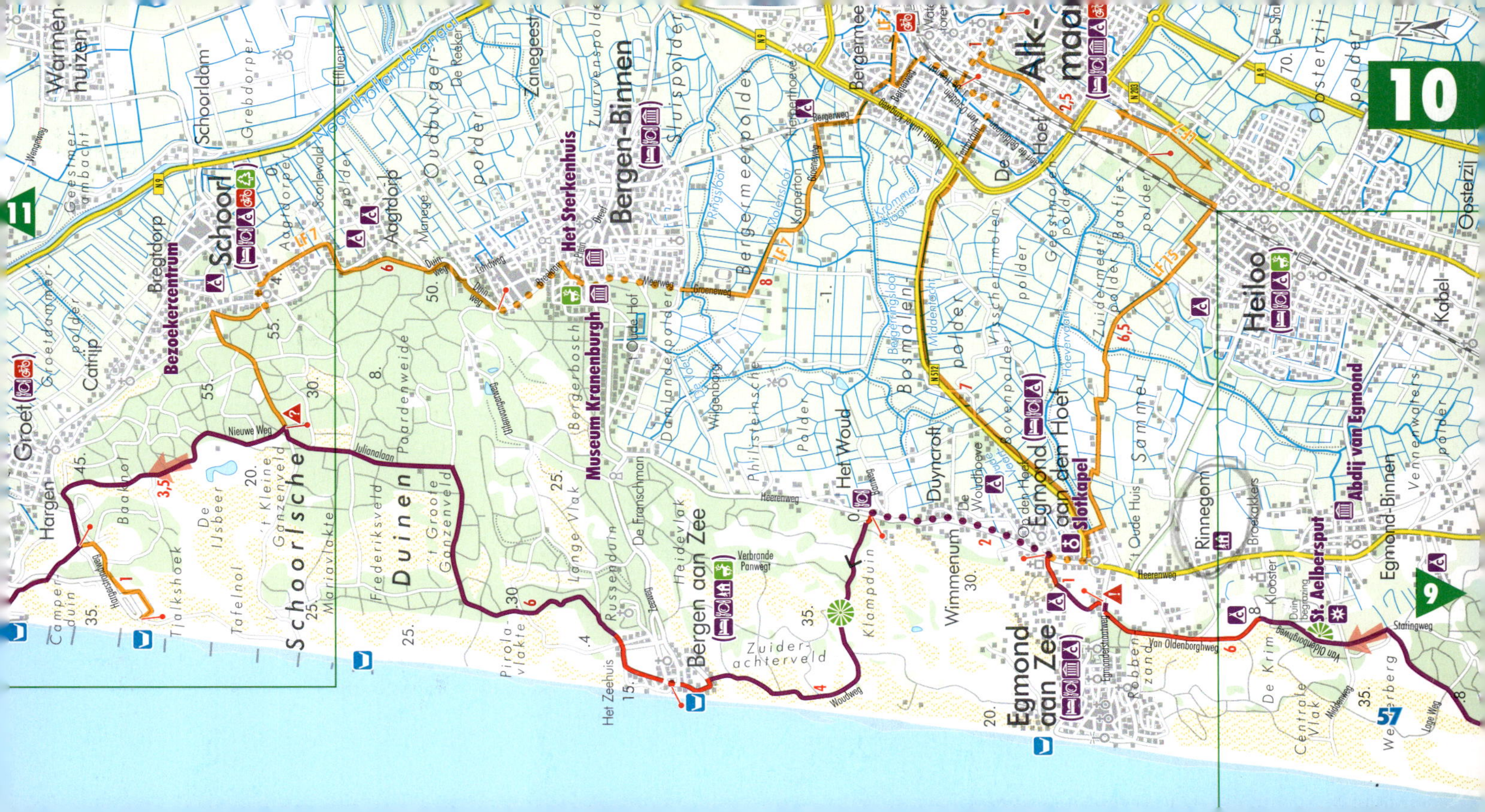

einer bedeutenden Ausstellung holländischer Meister aus dem 16./17. Jh. sowie einer Spielzeugausstellung.

🏛 **Nederlands Biermuseum**, Houttil 1, ✆ 5113801, ÖZ: April-Okt. Di-Fr 10-16 Uhr, Sa 13-16 Uhr, So 13.30-16 Uhr, Nov.-März Di-Sa 13-16 Uhr, So 13.30-16 Uhr. Das Gebäude stammt aus dem 15. Jh. und spiegelt die Geschichte des niederländischen Brauwesens wieder. Eine Brauschänke wie vor 100 Jahren, eine alte Schrotmühle, Gärungsbehälter, Braukessel und Böttcherei sind zu besichtigen. In der Bierstube können über 80 niederländische Biersorten verkostet werden.

⚥ **St. Laurenskerk**, Kerplein, Koorstraat 2, ÖZ: Juni-Sept., Di-So 10-17 Uhr. Im brabantisch-gotischen Stil im 15./16. Jh. errichtet. Sehens- und hörenswert die Schwalbenorgel, aus 1511, sie zählt zu den ältesten der Niederlande und eine von Jacob van Campen konstruierte und später von Kaspar Schnittger restaurierte Orgel am Westgiebel.

✴ **Stadhuis**, Langestraat. Teile davon stammen aus dem frühen 16. Jh., nur von außen zu besichtigen.

✴ **Accijnstoren**, dieses Akzisentürmchen wurde 1622 erbaut. Es wurde nach 300 Jahren um einige Meter versetzt, dabei blieb das empfindliche Uhrwerk ohne Schaden und lief ungestört weiter. Heute beherbergt der Turm das städtische Hafenamt.

✴ **Kaasmarkt**, Waagplein, 1. Fr. im April - 1.Fr. im Sept., 10-12.30 Uhr. Auf dem Platz vor der Stadtwaage werden Käseräder abgeklopft, abgehört, daran gerochen und kleine Löcher hineingebohrt um so die Qualität der einzelnen Käsesorten festzustellen. Per Handschlag wird der Kauf besiegelt, die erstandene Ware von den Käseträgern auf Tragbahren (bis zu 80 Räder und einem Gewicht bis zu 160 kg) davongetragen.

🚲 **Stationsrijwielstalling** (Fahrradgeschäft am Bahnhof), Stationsweg 43, ✆ 5117907.

Alkmaar gilt als DIE Käsestadt Hollands. Während der Saison lockt das traditionsreiche Geschehen des „Kaasmarktes" am Platz vor der Stadtwaage unzählige Besucher an.

Aber auch historisch stellt Alkmaar eine wichtige Station in der Geschichte der Niederlande dar. 1573 konnte es als erste Stadt des Landes die spanischen Besatzer zum Rückzug zwingen. Alle Schleusen der Gemeinde wurden geöffnet, die darauf folgende großflächige Überschwemmung des Umlandes ließ den spanischen Truppen keine andere Wahl als abzuziehen. Die Niederlage der Spanier war eingeleitet, auf das Ende der Besatzung mussten die Bewohner jedoch noch Jahrzehnte warten. Der Sieg gegen die Spanier brachte der Stadt das Waagerecht und damit die Voraussetzung für den Käsemarkt ein.

Der Stadtkern mit seinen über 400 denkmalgeschützten Gebäuden, die engen Gassen, schmalen Grachten und mittelalterlichen Zugbrücken laden zu einem geruhsamen Spaziergang ein.

Sie verlassen Alkmaar zunächst auf der gleichen Strecke, die Sie gekommen sind ∽ hinter der Bahn dann aber rechts und kurvig auf die **Van Oostsanenkade** und bis zur Vorfahrtsstraße ∽ links ab beginnt hinter der Brücke ein Radweg am **Bergerweg** ∽ dieser zweigt noch vor dem **Martin Luther Kingweg** rechts weg und unterquert diesen nach einem Linksknick entlang des kleinen Kanals ∽ wieder am **Bergerweg** rechts ab ∽ die nächste Möglichkeit links ab ist der **Groeneweg** (Sie radeln jetzt immer auf der LF-Route 7) ∽ auf diesem, an allen Abzweigungen vorbei nach **Bergen-Binnen**.

Im Ortsgebiet geht's immer geradeaus über **Meerweg** und **Maesdammerlaan** ∽ Siestoßen an eine Vorfahrtsstraße – rechter Hand liegt das Zentrum des kleinen Städtchens (siehe Ortsplan).

Bergen-Binnen

Vorwahl: 072

- **VVV Bergen-Binnen**, Plein 1, 1861 JX Bergen-Binnen, ✆ 5813100
- **Het Sterkenhuis**, Oude Prinsweg 21, ✆ 5897028, ÖZ: Mai-Okt., Di-Sa 13-17 Uhr, Juli/Aug., auch So 13-17 Uhr. Die Stadtgeschichte von Bergen, dargestellt anhand von Gemälden, Möbeln und Trachten.
- **Kranenburgh Museum**, Hoflaan 26, ✆ 5898927, ÖZ: Di-So 13-17 Uhr. In einem ansehnlichen Herrenhaus aus dem Jahre 1882 wird Bergen'sche Kunst ab 1850 gezeigt (Gemälde, Skulpturen u. Zeichnungen).
- **Ruinekerk**, ÖZ: Juli-Aug., Di-Do 14.30-17 Uhr. Die Reste des Gotteshauses aus dem 14. Jh. stehen seit 1574 nurmehr als Mahnmal für die Verwüstungen des 80-jährigen Krieges mit den Spaniern.
- **Busker bv**, Kerkstraat 1, ✆ 5895196

Geradeaus die Hauptstraße überqueren und halblinks der Straße folgen ~ am Ende rechts auf die **Guurtjeslaan** ~ wenig später spitz nach links auf die **Breelaan** und auf den inneren Dünenrand zu ~ am Ortsende mündet die Route nach rechts auf den Radweg an der Straße **Duinweg**, die weiter nach **Schoorl** führt ~ hinter der S-Kurve setzt sich der Radweg nach links von der Straße ab und bleibt am Hang des Dünenwaldes.

Aagtdorp

Hinter Aagtdorp stoßen Sie wieder an die Hauptstraße und überqueren sie wenig später nach rechts

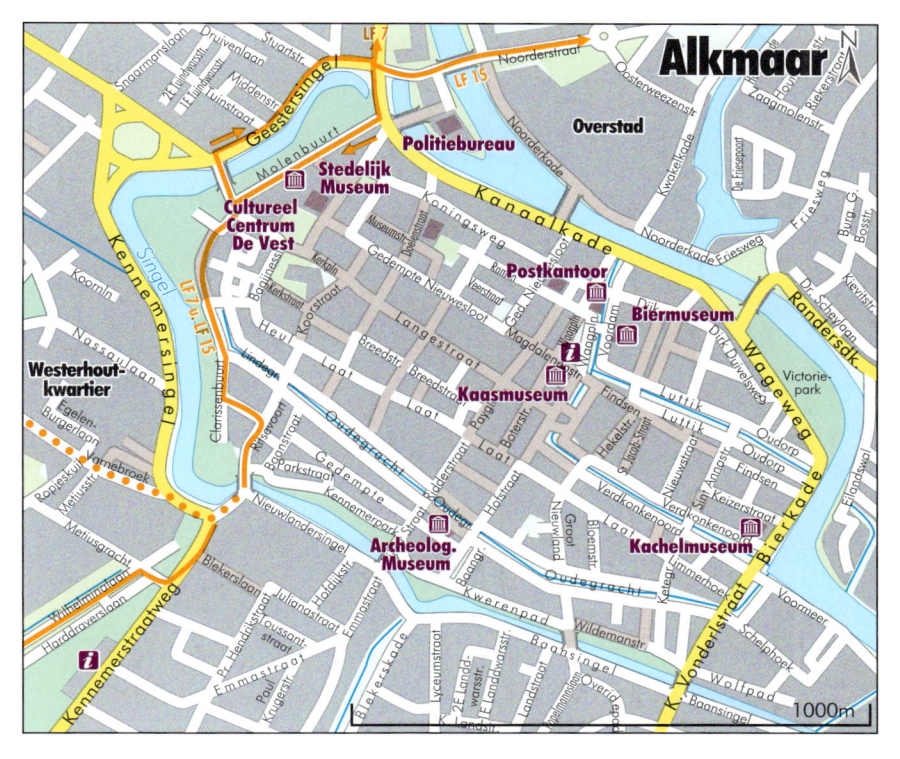

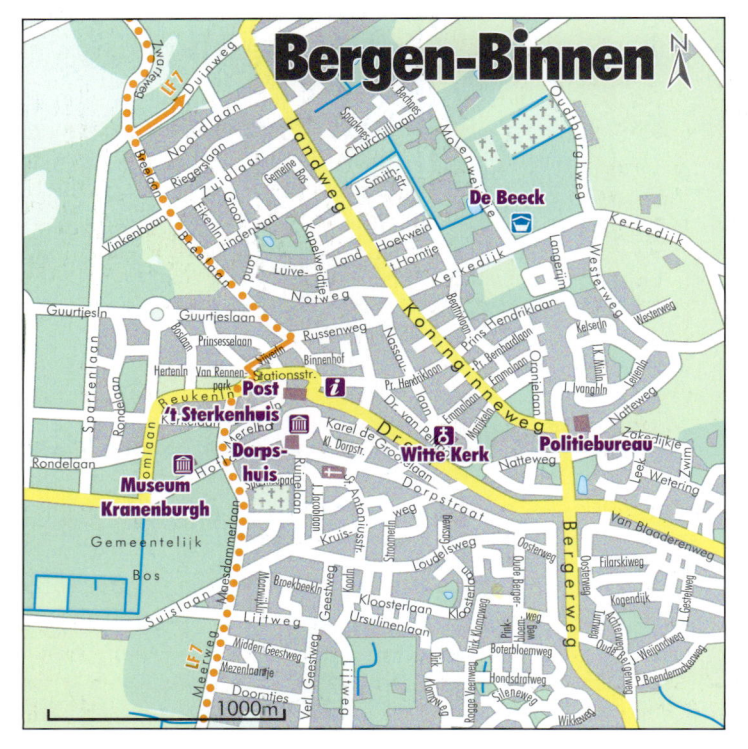

↬ am Rand der Siedlung links ab und geradewegs hinüber nach Schoorl.

Schoorl
Vorwahl: 072

- **VVV Schoorl-Groet-Camperduin**, Duinvoetweg 1, 1871 EA Schoorl, ✆ 5813100
- **Bezoekerscentrum Het Zandspoor**, Naturinformationszentrum, Oorsprongweg 1, ✆ 5093352, ÖZ: Di-So 10-17 Uhr. Hier wird die Entstehung des Schoorler Naturreservats „Schoorlse Duinen" erläutert.
- **De Paardenmarkt**, Paardenmarkt 45, ✆ 5092067;
- **Raat**, Duinweg 41, ✆ 5091330.

Im Ort an der mäßig befahrenen Hauptstraße wieder links ↬ in der Linkskurve der Straße am Waldrand rechts auf den hangparallelen Radweg ↬ wenig später an den ersten Häusern von **Bregtdorp** (Wegweiser Nr. 20889) zweigen Sie scharf links in die bewaldeten Dünen hinein ab ↬ zunächst bergan folgen Sie den sanften Kurven bis Sie am Ende des Waldes (Nr. 20379) auf die querende Hauptroute (⚠ Julianalaan) stoßen.

Von Egmond aan den Hoef nach Callantsoog (Abzweig LF 1) 28,5 km

Tipp: Die Hauptroute führt in Küstennähe durch die Dünen weiter. Die kartografische Darstellung dazu finden Sie ab Karte 10.

Hier am Nordweststrand des Ortes nach links auf den befahrenen **Heerenweg**, zuerst kurz mit Radweg, dann auf der Straße ↬ parallel mit der Duinstreekroute durchqueren Sie in Richtung Bergen und Schoorl die Häuser von **Wimmenum** und **Duyncroft** ↬ hinter der S-Kurve am Waldrand mündet von rechts der **Banweg** auf den **Heerenweg** ↬ kurz danach am Café mit der Wegweisung der Duinstreekroute links ab ↪ am Parkplatz vorbei erneut ins **Noord Hollands Duinreservaat** (ggf. wieder Eintrittskarte lösen).

Der holprig gepflasterte **Woudweg** steigt an Dünenseen vorbei bis auf 34 Meter über dem Meer an ↪ oben sind die Dünen wieder offener ↪ mit Blick auf Meer und Bohrinsel schwenkt der Weg im Bogen nach Norden ↪ nun hügelig durchs Dünengebiet **Zuiderachterveld** auf **Bergen aan Zee** zu, dessen hoch gelegene Häuser schon recht weit zu sehen sind ↪ dort angekommen links ab und der Straße im Bogen ins Ortszentrum folgen.

Bergen aan Zee
Vorwahl: 072

- **Meeresaquarium** (Zee-aquarium), v. d. Wijkplein 16, ☏ 5812928, ÖZ: April-Sept., Mo-So 10-18 Uhr, Okt.-März, Mo-So 11-17 Uhr. Über 40 Becken mit Fischen und Muscheln aus allen sieben Weltmeeren.

Der kleine Badeort im Noordhollands Duinreservaat ist der einzige an Hollands Küste, der nicht aus einem Fischerdörfchen hervorging, sondern zu Beginn des 20. Jahrhunderts auf dem Reißbrett entworfen worden war.

Vom Zentrum aus halbrechts in Richtung Het Zeehuis und geradewegs über den Kreisverkehr ↪ am Ende halbrechts in den **Jacob Kalffweg** ↪ erneut halbrechts in die **Laan van Ravenhorst** ↪ diese geht am Waldrand der Schoorlse Duinen in einen Radweg über.

An der nächsten Kreuzung knapp 500 Meter später links auf die **Elzenlaan** Richtung Camperduin ↪ erneut nach etwa 400 Metern am Ende rechts auf den **Verspijckweg**, der wieder ins Duinreservaat führt ↪ am Wegweiser **Nr. 20795** links halten ↪ 2 Kilometer später am Wegweiser rechts in Richtung Groet halten ↪ nach über 3 Kilometern am Wegweiser **Nr. 20642** links ab auf die **Julianalaan** weiter Richtung Groet ↪ am Ende nach knapp 2 Kilometern (**Nr. 20567**) kurz rechts Richtung Camperduin und direkt wieder links (**Nr. 20379**) Richtung Groet.

⚠ **Tipp:** Hier mündet die Alkmaarer Variante von rechts aus Richtung Schoorl ein.

Am Ende kurz vor den Häusern von Hargen und Groet (**Nr. 20568**) links ab Richtung Bergen aan Zee, aber 600 Meter weiter (**Nr.**

Bergen aan Zee

20899) wieder rechts ab auf den Radweg nach Camperduin.

Tipp: Weiter geradeaus die Camperduin hinauf gelangen Sie nach etwa einem Kilometer zum Strand.

Groet
Vorwahl: 072

- lokal **VVV Groet**, Heereweg 252a, oder VVV Schoorl-Groet-Camperduin, Duinvoetweg 1, 1870 AB Schoorl, beide ☏ 5813100
- **Masteling**, Heereweg 242, ☏ 5091245

An der nächsten Kreuzung die von Camperduin kommende Straße geradeaus queren und auf abgesetztem Radweg weiter ↪ am Ende (**Nr. 20900**) links Richtung Hondsbos-

61

sche Zeewering bis zum Strandparklatz von **Camperduin**.

Camperduin

In diesem Landstrich um Schoorl, Groet und Camperduin gibt es angeblich die breitesten und höchsten Dünen Hollands (bis 55 m üNN). Der Küstenstreifen ist hier außerhalb der Vogelbrutsaison – März bis Juni teilweise gesperrt – frei zugängig. Die Gemeinde erhielt in den letzten Jahren mehrfach die „Blaue Flagge" für hohe Wasserqualität und saubere Strände verliehen.

Hier am Strandparkplatz (mit Cafés) beginnt die 5 Kilometer lange Strecke direkt auf der Innenseite des Deiches **Hondsbossche Zeewering** entlang nach Petten. Rechts öffnet sich nun der Blick über das weite topfebene Land des Haze-Polders und das Naturschutzgebiet De Putten.

De Putten

🅰 Vogelreservaat De Putten. Areal nicht zugänglich, jedoch von speziell angelegten Aussichtspunkten entlang der Radroute gut einsehbar (Fernglas mitbringen).

Im leichten Bogen kommt die Radroute nach **Petten** hinein – Sie halten sich halbrechts vom

Hondsbossche Zeewering, Blick auf Camperduin

Deich weg, zusammen mit der Beschilderung der Dijkroute.

Tipp: Linker Hand führt ein Radweg zuerst zur Ausstellung „De dijk te kijk" und dann durch die Dünen. Diese Möglichkeit mündet beim Kreisverkehr bei Sint Maartenszee wieder in die Hauptroute.

Petten
Vorwahl: 0226

🛈 VVV Petten, Zijperweg 1A, ✆ 381352
🏛 De dijk te kijk („Der Deich zu sehen"), Strandweg 4, ✆ 381455. Die Ausstellung veranschaulicht allgemein die Entstehungsgeschichte Nordhollands sowie detailliert Bau und Bedeutung des Schutzwalles Hondsbossche Zeewering.

Linker Hand das Wäldchen, radeln Sie vor bis zur Vorfahrtsstraße – nun links auf den straßenparallelen Radweg am Rand des Waldes und der Dünen Richtung Callantsoog – links in den Dünen befindet sich eine Windorgel aus riesigen Bambuspfeifen – vorbei am Reaktorzentrum bis zum Kreisverkehr bei Sint Maartenszee.

Sint Maartenszee

Nun weiter auf dem Radweg an der rechten Straßenseite des **Westerduinweg** – hinter den Pettemerdünen links das Naturschutzgebiet **Zwanenwater** – an der nächsten Straßenkreuzung biegt der Nordseeküsten-Radweg nach rechts auf die LF-Route 10 ab in Richtung Stolpen und weiter bis zum Endziel **Nieuweschans**.

Tipp: Die niederländische Noordzeeroute LF1b leitet die Radler geradeaus weiter über Callantsoog bis nach Den Helder. Von da aus geht unsere Sommervariante des Nordseeküsten-Radwegs weiter über die Inseln Texel und Vlieland. Die Beschreibung dieser Alternativstrecke beginnt auf S. 76.

Die Übernachtung auf Texel ist in jedem Fall zu empfehlen. Am späten Vormittag können Sie dann problemlos die Überfahrt

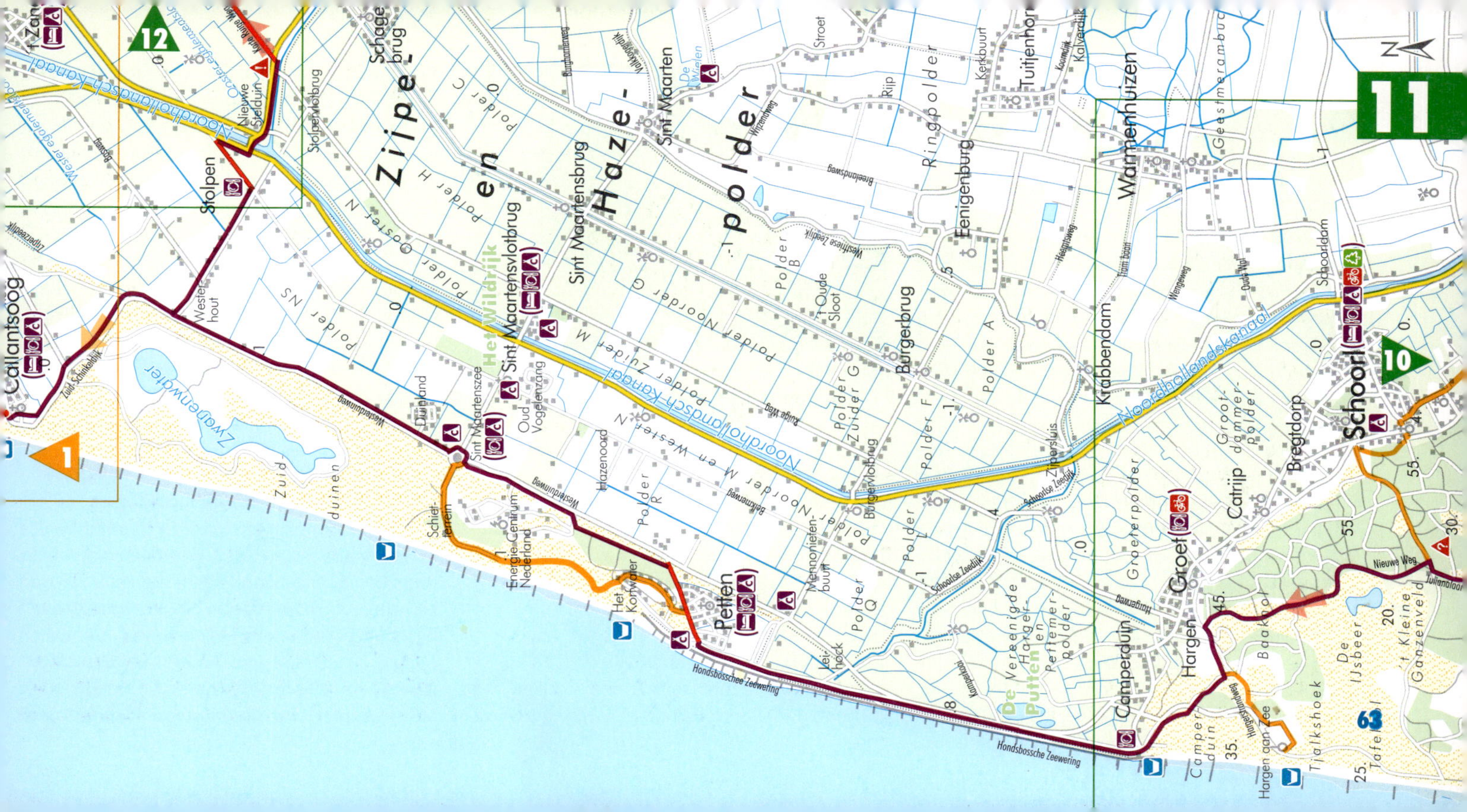

11
12
10
1
Noordhollandsch Kanaal
Noordhollandsch-Kanaal
Noordhollandskanaal
Zijpe en Haze-polder
Callantsoog
Zwanenwater
Zuid duinen
Stolpen
Nieuwe Sluis
Schagebrug
Stolpervlotbrug
Sint Maartensbrug
Sint Maarten
Sint Maartensvlotbrug
Sint Maartenszee
Het Wildrijk
Oud Vogelenzang
Westerhout
Duinland
Energie Centrum Nederland
Schietterrein
Het Korfwater
Petten
Hazenoord
Mennonietenbuurt
Leihoek
Burgerbrug
Burgervlotbrug
Oude Sloot
Ringpolder
Eenigenburg
Tuitjenhorn
Kerkbuurt
Warmenhuizen
Geestmerambacht
Krabbendam
Zijpersluis
Schoorl
Schoorldam
Bregtdorp
Catrijp
Groot-dammer-polder
Groeterpolder
Groet
Hargen
Camperduin
Hargen aan Zee
Tjalkshoek
Baakmol
De IJsbeer
't Kleine Ganzenveld
De Putten
De Vereenigde Harger- en Pettemer-polder
Hondsbossche Zeewering
Nieuwe Weg
Julianalaan
Westerduinweg
Zuid-Schinkeldijk
Polder N
Polder H
Polder C
Polder A
Polder B
Polder F
Polder L
Polder Q
Polder R
Polder Zuider G
Polder Noorder G
Polder Zuider M
Polder Noorder M en Wester N
Schoortse Zeedijk
Westfriese Zeedijk
Breelandsweg
Belkmerweg
Ruige Weg
Hargerweg
Kamperduinweg
Wengeweg
Koorndijk
Kalverdijk
Rijp
Stroet
De Wielen
63

nach Vlieland machen und am Nachmittag weiter von Vlieland-Oost nach Harlingen.

Am Fährhafen Harlingen schließt die Variante dann wieder an die Hauptroute (LF 10a, die Waddenzeeroute) an.

Vom Abzweig bei Callantsoog auf der Waddenzeeroute LF 10 nach Den Oever   36,5 km

Auf dem Radweg links der Straße **Stolperweg** entlang ↝ an einer Kreuzung links, an der Vorfahrtsstraße wieder rechts und bis zur Ampel ↝ hier links über den **Noordhollands Kanaal** und geradeaus weiter in Richtung Schagen und Schagerbrug ↝ nach sanftem Linksbogen nun zwischen Straße und Kanaal Stolpen Schagen entlang ↝ nach etwa einem Kilometer noch vor der lang gezogenen Rechtskurve die Straße queren und links ab ↝ auf nun wunderschöner Allee, dem **Korte Ruige Weg**, die Vorfahrtstraße kreuzen ↝ schnurgerade insgesamt knapp 5 Kilometer auf **Oudesluis** zu ↝ am Ortsrand geradewegs über die Bahn und mit der Straße rechts um den alten Ort herum.

Oudesluis

Geradeaus über die Brücke und links ab ↝ die erste Straße rechts ab gegenüber der Kirche ist die **Kneeskade** ↝ 300 Meter weiter dieser Straße geradeaus am Deich entlang folgen ↝ kurvig dem breiten Wasserlauf **Hooge Oude Veer** nach in die Gemeinde **Anna-Paulowna-Polder** hinüber ↝ am Ende stoßen Sie nach fast 4 Kilometern auf den **Kerkweg**; linker Hand liegt hinter der Schleuse der jüngere Ort **Kleine Sluis**.

Kleine Sluis

Sie fahren rechts ab auf den Radweg am **Kerkweg** entlang Richtung Wieringerwaard ↝ knapp einen Kilometer später zweigt spitz nach links der **Veerweg** ab ↝ nach gut 2 Kilometern auf dieser geraden Allee die erste Möglichkeit rechts ab auf den **Kruisweg** ↝ am Ende nach wiederum gut 2 Kilometern links auf den **Lotweg** ↝ die erste Straße rechts ab (**Oosthoekweg**) führt über die Brücke der **Ulkesluis** über den Waardkanaal ↝ vom **Amstelmeerdijk** linker Hand verdeckt liegt das Amstelmeer; Sie folgen im sanften Linksbogen für etwa 4,5 Kilometer der Straße **Amstelmeerweg** am Deich entlang.

Es geht nach dem Rechtsknick mit der **Haukessluis** über die Slootvaart ↝ nach erneuter Linkskurve über die größere Schleuse am **Amstelmeerkanaal**.

De Haukus / De Haukes

Am Ortsschild rechts ab und entlang des Kanals weiter ↝ an der Vorfahrtsstraße links und die nächste Möglichkeit rechts ↝ an den Häusern von **De Hoelm** im **Varkensgradswarsweg** weiter und nach links vom Deichweg ↝ am Ende rechts in den **Hoelmerkruisweg** ↝ in **Westerklief** rechts ↝ direkt wieder ein Linksknick und Sie radeln am Picknickplatz

12
13
11
65
Drooghe Weert
Breezand
Noorderhaven
Westeinde
Ceres
Valkenhof
Westerland
Wieringen
Haukeshof
De Haukus
De Haukes
Haukessluis
Van Ewijcksluis
NSG
Hazendyck
Catharinahoeve
Janshoeve
De Kleiplaats
Gelderse Buurt
Anna-
Paulowna-
-polder
Spoorbuurt
Zeldenrust
De Meerling
Sluiswijk
Amstelmeer
Geerestein
Oosthoek
Ulkesluis
Anna Paulowna
polder
Hooge Oude Veer
Kleine Sluis
Neelland
Volharding
Altijd Werk
Luciahoeve
Iepenhoeve
Zuidpol
Keeten
't Hoekje
Zeeland
Oosthoeve
Oosterwijk
Mosseviek
Elizabethshoeve
De Bocht
't Zand
Stamhoeve
De Hoop
Wieringerwaard
Nieuwesluis
Oudesluis
Pishoek
De Kolk
Flardinga
Polder
Nieuwe Sluis
Oostwaardhoeve
Ulkehof
Proefboerderij
De Kooltuin
De Molenhof
De Opslag
Dillenburg
De Noorman
Groei en bloei
Waardhof
Waardpolder
Wieringer-
waard
Zijpe- en
Hazepolder
Keinsmerbrug
De Kikkert
Korenschoot
Polder I
Polder E
Nieuwe Stelduin
Stolpervlotbrug
Leeuwenhorn
Vertouwen
LF 10 Waddenzeeroute
N9
N99
N249
N240
4
4,5
5
7
't Waardje
Altyd drok

vorbei auf den **Klieverkruisweg** ↝ der zweite Weg nach links ist die **Julianalaan** ↝ mit Radunterführung unter der N 99 hindurch und hinein nach **Hippolytushoef** ↝ am Ende links und wieder rechts in die **Hoofdstraat** und durchs Ortszentrum.

Hippolytushoef
Vorwahl: 0227

🏛 **Museum Jan Lont**, Stroeërweg 39, ✆ 511353. In diesem Wieringer Bauernhof können Sie sich ein Bild vom Leben und Arbeiten auf der ehemaligen Insel Wieringen um 1900 machen.

An der Kirche zweimal links halten über die **Nieuwstraat** in den **Kremersweg** ↝ am Ende rechts ab und 400 Meter weiter vor dem Ortsschild von Hippolytushoef links auf den **Noordburenweg** ↝ an den Häusern von **Noordburen** rechts auf den **Noordburendwarsweg**.

Noordburen

Am Ende vom Noordburendwarsweg links und direkt die erste rechts ↝ auf dem **Stroeërweg** ↝ in leicht geschwungenem Verlauf durch den Ort **Stroe** ↝ unmittelbar hinter dem Ortsendeschild links ab auf den **Bierdijkerweg** ↝ nach der Rechtskurve den Deich hinauf und auf der Seeseite entlang ↝ nach gut einem Kilometer macht der Deich einen Rechtsknick; die Route geht hier scharf links ab und auf dem Asphaltweg zwischen dem Teich und der See hindurch ↝ 100 Meter nach Beginn der Asphaltböschung scharf rechts und zurück über den Deich ↝ hinter der Hecke wieder scharf nach links und unterhalb des Deiches entlang Richtung Den Oever.

Am Ende des Weges die Straße queren und links auf straßenbegleitendem Radweg nach **Den Oever** hinein ↝ in der Rechtskurve der Straße geradeaus Richtung Wieringerwerf ↝ etwa 600 Meter weiter an der Mühle in die **Zwinstraat** ↝ am Ende beim Deich kurz rechts Richtung Den Helder, nach 200 Metern links Richtung Wieringerwerf und den Deich hoch ↝ oben halbrechts und den **Afsluitdijk** entlang.

Den Oever
Vorwahl: 0227

🛈 **VVV Den Oever**, Havenweg 1, 1779 XT, ✆ 592220
🏛 **Haus der Erde**, Havenweg 1, ✆ 510467. Im „Haus der Erde" befindet sich das Museum für regionale Geologie und Archäologie.
❋ Reetgedeckte **Windmühle**.

Von Den Oever über den Abschlussdeich nach Harlingen 36,5 km

Nun geht's über den **Afsluitdijk** auf dem Radweg links der Autostraße und das für 30 lange Kilometer ↝ gleich zu Beginn fahren Sie über die **Stevinsluizen**, benannt nach Hendric Stevin, der als erster (1667!) die Idee für eine Eindeichung der Zuiderzee hatte.

Dann geht es immer schnurgerade weiter, erste Abwechslung ist nach gut 6 Kilometern der Aussichtspunkt **De Vlieter**. Durch eine Fußgängerbrücke bieten sich Ausblicke auf die

Waddenzee
14
13
Middelplaat
Wierbalg
Breezand
Afsluitdijk (Abschlussdeich)
6
A7
Amsteldiep
Breehorn
Buitenhaven
Dijkmagazijn
Den Oever
Bierdijk
8
Nieuwe Zeug
Vatrop
Stevinsluizen
Noord-Stroe
Oosterland
De Gest
Rinkeweelsdijk
Stroe
De Heid
Zuider-haven
Broekpolder
Oosterlanderkoog
Smerp
Horndijk
Breehorn
6,5
Noordburen
Stroeerkoog
IJsselmeer
Wieringen
Polder Waard-Nieuwland
Zandburen
N 99
Marskedijk
Hippolytus-hoef
Romeo
Polderweg
Robbenoord
Voorboezen
Wieringervlaak
A7
Belt
Elft
Robbenoordbosch
De Meestoof
„De Onderneming"
Gonzelo
Sluitgatweg
Hippolytushoever-
-rmerpolder
Oosterklief
Ipelsheim
Boswachterij
Westerklief
4,5
koog
Amstelmeerkanaal
Kliervertocht
Wieringermeer
De Hoelm
Sluitgat-
Hooge Kwel
Lage Klievertocht
De Haukus/De Haukes
Schelpentocht
Ons Erf
12
Klein Wieringen
bosch
Klieverweg

wilde Nordsee auf der einen und das künstlich beruhigte IJsselmeer, die ehemalige Zuiderzee auf der anderen Seite.

Nach weiteren 9 Kilometern ist das **Dijkmagazijn Breezanddijk** erreicht, wo es u. a. für die Nutzer der beiden Häfen sogar einen Campingplatz gibt.

Breezanddijk

Das Teilstück nach **Kornwerderzand** zieht sich nun noch fast 11 Kilometer weit dahin.

Kornwerderzand/Koarnwertersân

Vorwahl: 0515

- „**Kazemattenmuseum Kornwerderzand**", ÖZ: Mai-Sept., Mo-Sa 10-16 Uhr. Rundfahrten von Makkum zum Museum jeden Mi u. Sa, Informationen hierzu erhalten Sie beim Fremdenverkehrsverein Makkum. Anfang der 1930er Jahre entstand dieser Bunkerkomplex in Kornwerderzand zum Schutz des Abschlussdeiches. Die Bunker der ehemaligen Verteidigungslinie sind vollständig eingerichtet und vermitteln auch mit Hilfe einer Ausstellung einen Eindruck der Besatzungszeit und des Zweiten Weltkrieges.

Tipp: Wer z. B. Lust auf den Abstecher ins sehenswerte Makkum hat, kann bereits hier auf der Südseite der Straße wechseln und stößt am Festland angekommen im Rechtsbogen bei den Häusern von Houw auf die Straße am Houwdijk.

Vier Kilometer hinter den **Lorentzsluizen** von Kornwerderzand kommen Sie endlich am friesischen Festland an.

Ausflug nach Makkum 5,5km

Am Ende des Afsluitdijks rechts ab und mit der Straße die N31 überqueren und unter der A7 hindurch ~ dahinter mündet von rechts der südliche Radweg von Kornwerderzand an den Häusern von **Houw** ~ mit der Zuiderzeeroute radeln Sie von da aus weiter Richtung Makkum immer auf der Straße unterhalb des **Houwdijks** ~ zu Ihrer Linken liegt das Dörfchen Cornwerd.

Cornwerd/Koarnwert

Weiter auf der Deichstraße am **Sottumerdijk** ~ auf dem **Harlingerdijk** erreichen Sie **Makkum** ~ hinein geht's auf der Ortsdurchfahrtsstraße **Kerkeburen** und **Buren**.

Makkum

Vorwahl: 0515

- VVV Makkum-Wûnseradiel, Pruikmakershoek 2, 8743 ET Makkum, ✆ 231190
- Informationen zum **Segeln auf traditionellen Segelschiffen** erhalten Sie beim VVV.
- Keramikmuseum Fries Aardewerkmuseum De Waag, Pruikmakershoek 2; ÖZ: April-Okt., Mo-Sa 10-17 Uhr, So/Fei 13.30-17 Uhr, Nov.-März, Mo-Fr 10-12 Uhr und 13-16 Uhr. In der 1698 erbauten Waage zeigt das Museum eine Sammlung friesischer Majolika und Fayencen aus drei Jahrhunderten.
- Die **Grote Kerk** stammt aus dem 16. Jh. Sie ist die größte Kreuzbasilika Frieslands. Sehenswert sind die bemalten Totenbahren der Gilden.
- **Charakteristisches Stadtbild** des 17. Jhs. mit hohen Kaufmannshäusern und reich verzierten Giebeln. Am Markt steht das Rathaus aus dem 18. Jh. und die Waage aus dem 17. Jh.
- Ein echtes **Frysk Menu** wird Ihnen im Recretel Vigilante serviert.

Waddenzee

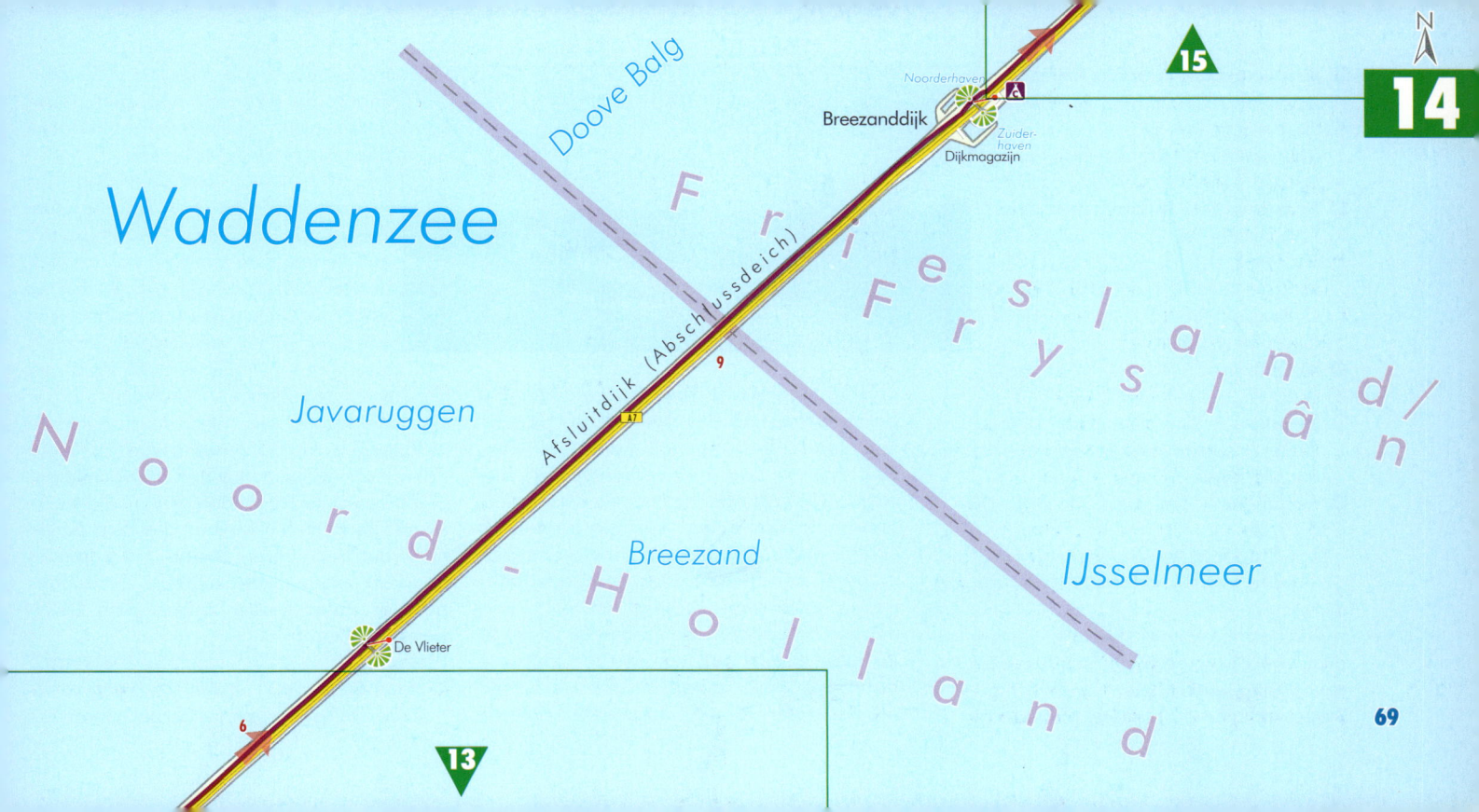

Doove Balg

Noorderhaven
Breezanddijk
Zuiderhaven
Dijkmagazijn

Friesland / Fryslân

Javaruggen

Afsluitdijk (Abschlussdeich)

Noord-Holland

Breezand

IJsselmeer

De Vlieter

14
15
13

69

✱ **Keramikmanufaktur Koninklijke Tichelaar Makkum**, Turfmarkt 65, ÖZ: Mo-Fr 9-17.30 Uhr, Sa 10-17 Uhr, Führungen: Mo-Fr 10-16 Uhr. In der ältesten niederländischen Keramikmanufaktur werden die Makkumer Fayencen wie vor 400 Jahren hergestellt.

✱ **Keramikmanufaktur Aardewerkfabriek Altena & Krooyenga**, Bleekstraat 22-24; ÖZ: Mai-Sept., Mo-Fr 8-18 Uhr, Sa 10-17 Uhr, So 11-17 Uhr, Okt.-April, Mo-Fr 8-12 Uhr und 13-17 Uhr, Fabriköffnungszeiten: Mo-Fr 8-12 Uhr und 13-16 Uhr, Gruppen nach Absprache.

✱ **Käserei De Mar**, C. Fellingerweg 3, Idsegahuizum; ÖZ: Mo-So.

✱ Informationen zur **Museumstour Aldfaers Erf Route**, die Sie auf einer 26 km langen Strecke durch das „Erbe der Vorfahren" führt, hält der VVV für Sie bereit.

✱ **Freizeitzentrum Holle Poarte**, De Holle Poarte 2, ✆ 231344.

Das Stadtbild Makkums ist geprägt von der charakteristischen städtischen Struktur der ersten Hälfte des 17. Jahrhunderts. Die stattlichen Kaufmannshäuser werden geziert von aufwändig gestalteten Giebeln, von denen keiner dem anderen gleicht. Sie zeugen von der Zeit als Makkum im 17. und 18. Jahrhundert ein bedeutender Ort der Industrie und des Handels war. Ziegeleien und Dachziegelfabriken, Getreide-, Öl-, Papier- und Holzmühlen waren hier angesiedelt. In über 100 Öfen wurde Kalk gebrannt und in den Werften zahlreiche Schiffe gebaut. Makkum entwickelte sich in dieser Zeit zum Zentrum der niederländischen Keramikherstellung. Im 19. Jahrhundert versandete die Zuiderzee so stark, dass die Schifffahrt, von der die Industrie abhängig war, erheblich eingeschränkt wurde. Der Handel stagnierte und die Industriebetriebe mussten schließen. Einzig die Werften und die alteingesessenen Keramikmanufakturen blieben bis heute erhalten.

Makkum lebt seit dem Bau des Abschlussdeiches größtenteils vom Tourismus. Tausende Freizeitsportler und Feriengäste tummeln sich jährlich in der Stadt, haben mit ihren Booten in der stattlichen Marina festgemacht oder surfen vor der „Holle Poarte", dem Tor zur Hölle, wie die Kapitäne die Bai vor dem Hafen Makkums, in der gefährliche Stürme wüten konnten, nannten.

Tipp: Zum Naturkundemuseum in Piaam (2 km) fahren Sie in Makkum dem Schild der Zuiderzeeroute folgend rechts in die Kerkstraat. Beim Hafen bleiben Sie dem Schild nach auf der oberen Straße und kommen dann zu einem Kreiseverkehr. Geradeaus geht es dann wieder neben dem Deich weiter bis Piaam.

Piaam

🏛 **Naturkundemuseum „'t Fûgelhûs"**. Das Museum gibt Auskunft über die Geschichte der Werder (Waarder). Außerdem kann

Map 15

Waddenzee

Doove Balg

Afsluitdijk (Abschlussdeich)

Dijkmagazijn

Middelgroden

IJsselmeer

Noord Steenplaat

Buitenhaven
Spuihaven (Noord)
Lorentzsluizen
Kornwerderzand/ Koarnwertersân
Kazematten-museum
Spuihaven (Zuid)
Binnenhaven

Houw · Hiddum · Hayum · Koudehuizum
Polder Cornwerd · Kromdijk
Cornwerd/ Koarnwert · Schraard/ Skraard
Wons/ Wûns
De Eenhoorn
Wûnseradiel/ Wonseradeel
Engwier · Spaakhek
Haitsmastate · De Weeren
Makkumer-noordwaard NSG
Makkum · Makkumermeer-
Holle Poarte
Makkumer-zuidwaard NSG
Idsegahuizum · Allingawier
Piaam · Boniastate · Vierhuizen · Jokle Zel · Blierherne
Polder · Surfenne
Kooihuizen
NSG Kooiwaard
Kooihuizen · Nijlandstate

14 · 16 · 15

71

man hier einiges Wissenswertes über Vögel erfahren. In der Vogelhütte hat man die Möglichkeit zu Beobachtungen.

Vom Abschlussdeich kommend links ab auf die Straße und im Rechtsbogen hinüber nach **Zurich** (fries.: Surch).

Surch/Zurich

🛈 VVV-folderservice Zurich, Viaduct 3

Am Ende der Bebauung gegenüber der **Schoolstraat** schräg links ab ↝ durch die Schranke und über den Deich ↝ nun immer auf der Seeseite des **Caspar de Roblesdijk** entlang.

Kimswert/Kimswerd

Zu Beginn des 16. Jahrhunderts zogen die berüchtigten Banditen von „De Zwarte Hoop" (der Schwarze Haufen) plündernd, brandschatzend und mordena durch Friesland. So auch durch das nahe Harlingen gelegene Kimswerd. Alle Bewohner verloren Hab und Gut. Unter ihnen auch Grote Pier, der den Banditen Rache schwor. Er versammelte 600 Mann um sich, mit denen er erfolgreich die Banditen bekämpfte. Zur Erinnerung, dass er mit seinen Männern Friesland von den Banditen befreit hatte, setzte man Grote Pier ein

Harlingen: Noorderhaven

Denkmal in Kimswerd. Das legendäre Schwert des Helden ist im Friesischen Museum in Leeuwarden zu sehen.

Am Abzweig nach **Kimswerd** vorbei radeln Sie insgesamt fast 7 Kilometer bis zum äußeren **Nieuwe Willemshaven** von **Harlingen** ↝ hinter dem Hafenbecken rechts auf die gleichnamige Straße ↝ an der nächsten Querstraße links (**Westerzeedijk**), über die Gleise und rechts in die **Spoorstraat** ↝ nach ca. 150 Metern links in die **Steenhuisstraat** ↝ auf dieser über die **Rozengracht** und ins Zentrum.

Vor der Kirche leicht nach rechts versetzt in die Fußgängerzone **Brouwerstraat** ↝ an ihrem Ende wieder leicht nach rechts versetzt in die **Stijlstraat** ↝ die zweite links ist die **Voorstraat** ↝ dieser folgen, bis Sie wieder an den Zuiderhaven stoßen ↝ rechts und gerade weiter in die verkehrsreichere **Prinsenstraat** ↝ bald rechts in die Straße **Noorderhaven** ab.

Haarls/Harlingen

Vorwahl: 0517

🛈 **VVV Harlingen**, Voorstraat 34, 8861 BL Harlingen, ☎ 0900/9191999

🚢 **Fähre Harlingen-Terschelling**, Rederij Doeksen, ☎ 0562/442002; Fährzeiten: Mo-So ab Harlingen 10.05, 15.05 u. 19.50 Uhr. Ab West-Terschelling 7.30, 12.35 u. 17.35 Uhr; Fahrtdauer 105 Min.

🚢 **Fähre Harlingen-Vlieland**, Rederij Doeksen, ☎ 0562/442002; Fährzeiten: Mo-So ab Harlingen 9.20, 14.20 und 19.05 Uhr. Ab Vlieland 7, 11.45 u. 16.45 Uhr; Fahrtdauer 105 Min.

🏛 Städt. Museum „Gem. Museum Het Hannemahuis", Voorstraat 56, ☎ 413658; ÖZ: April-Juni u. Mitte Sept.-Nov., Mo-Fr 13.30-17 Uhr; Juli-Mitte Sept., Di-Sa 10-17 Uhr, So 13.30-17 Uhr. Im Patrizierhaus (18. Jh.) sind verschiedene Abteilungen zu sehen: Schifffahrt in der Zuiderzee, fries. Silbergenstände aus dem 17./18. Jh., drei Stilzimmer, Har-

16
17
15
Harlingen
De Stenen Man
Midlum
Almenum
Van Harinxmakanaal
Gratenasath
Gr. Ropens
Kl. Kluurda
Polder Kimswerd
Popta-Zathe
Carpe Diem
Oedsmastate
Kimswerd/
Kimswert
Dijksterburen
Westrastate
De Blokken
Bedelaarsvaart
Pingjumer Gulden Halsband
Polder
Pingjum
Strand
Valingastate
Hartastate
Pingjum/
Penjum
Zuricherpolder
Zurich/
Surch
Caspar de Roblesdijk
N31
A7
Gooium
Gooiumerpolder
Polder
Hilandes Kooiveld
Koudenhuizum
de Eendracht
Hiddum
Houw
Houwdijk
Hayum
Polder Cornwerd
Cornwerd/
Koarnwert
Kromdijk
Wons/
Wûns
Schraard/
Skraard
Schraardervaart
Schraarderhemdijk
Spaakhek
Wûnseradiel/
Wonseradeel
De Eenhoorn
Engwier
De Weeren
Melkvaart
Haitsmastate
Sotterumdijk
Makkum
Makkumermeer-
polder
Makkumer-
noordwaard
NSG
Makkumer-
zuidwaard
Holle Poarte
Waddenzee
Pollen
Boonties
Kornwerderzand
IJsselmeer
Kornwerderzand/
Koarnwertersân
Kazemattenmuseum
Buitenhaven
Binnenhaven
Lorentzsluizen
Spuihaven
(Noord)
Spuihaven
(Zuid)
Pollendam
Vlieland 1¾ h
& Terschelling
3
9
1,5
4,5
3,5
4
2

linger Kacheln und Steingut sowie Infos zur Stadtgeschichte. Das Vestdijkzimmer ist dem Leben und Werk des in Harlingen geborenen Schriftstellers Simon Vestdijk (1898-1971) gewidmet.

🏛 **Harlinger Keramik Museum (Harlinger/Fries Aardewerk Museum)**, Zoutsloot 43, ✆ 413341; ÖZ: Mo-So 10-12 Uhr und 14-16 Uhr. Das Museum zeigt Keramiken und Töpfereien aus friesischen Handwerksstätten seit 1600.

⛪ **Grote Herv. Kerk**, Kerkpoortstraat 5, ✆ 412098. Die Große Reformierte Kirche wurde 1771-76 auf den Fundamenten des Doms von Almenum erbaut. Im Innern ist eine Hinsz-Kirchenorgel aus dem Baujahr und eine kunstvolle Holzkanzel zu sehen, außen der romanische Tuffsteinturm ist aus dem 12. Jh.

✳ **Stadthuis** (1730-1756), Raadhuisstraat 2; Besichtigung n. V. unter ✆ 492222 möglich. Das Rathaus wurde wie die Grote Kerk ebenfalls im ausgehenden 18. Jh. erbaut und mit einem barocken Vorgiebel versehen. Im Turm befindet sich ein Glockenspiel.

Harlinger Gracht

✳ **Jonkje-Denkmal**, Fährableger. Das Denkmal erinnert an eine Legende, der zufolge eine kleiner Junge seinen Finger in ein Loch des Deiches steckte und somit den zu brechen drohenden Deich rettete.

✳ **„De Steenen Man"-Denkmal**, Westerzeedijk. Das Denkmal wurde zu Ehren des spanischen Statthalters Caspar de Robles errichtet, der die Befestigung der Stadt 1570 verstärken ließ.

✳ **Zuider- und Noordhaven**. Der Zuiderhaven wurde 1597 an der Stelle angelegt, wo sich bis zu diesem Zeitpunkt das Fort von Harlingen befand. Heute besitzt Harlingen den bedeutendsten Hafen der niederländischen Krabbenfischerei.

✳ **Harlinger Fliesen- und Fayencenmanufaktur**, Voorstraat 84, ✆ 415362, ÖZ: Mo-Sa 8-16 Uhr. In der im ausgehenden 16. Jh. gegründeten Manufaktur werden auch heute noch Fliesen und Fayencen nach dem damaligen Herstellungsverfahren gefertigt und von Hand bemalt.

🚲 **Stationsrijwielstalling** (Fahrradgeschäft am Bahnhof), ✆ 418045.

Zu Beginn des 16. Jahrhunderts ließ Herzog Albrecht von Sachsen direkt am Hafen ein Fort erbauen. Es diente der Kontrolle der Bevölkerung, der Versorgung der Truppen und der Kontrolle der Schifffahrt. In Folge des 80-jährigen Befreiungskrieges wurde Harlingen in den Jahren 1579/80 stark erweitert und mit einem Ringwall und sechs Zwingern befestigt. In die neu befestigte Stadt, in die das Dorf Almenum integriert wurde, konnte man nur durch eines der sechs Stadttore gelangen. Zu der befürchteten Belagerung der Stadt kam es jedoch nicht. Bereits um 1600 wurden Teile des alten Forts wieder abgerissen, andere beispielsweise als Kirche genutzt. Im vergangenen Jahrhundert riss man die Reste der Stadtbefestigung samt Toren endgültig ab und ebnete die meisten Wälle ein.

Gegen Ende des 16. Jahrhunderts wurde in Harlingen die erste friesische Keramikmanufaktur gegründet. Auf den Handelswegen der Hanse – Harlingen war im Mittelalter Mitglied – gelangten die kostbaren Fliesen und kunstvollen Fayencen weit bis in die Länder im Ostsee- und Mittelmeerraum, wo sie Häuser und Paläste schmückten.

Mit Harlingen durchfahren Sie die erste Stadt

Frieslands. Überall wird Ihnen die friesische Fahne mit den sieben roten Seerosen auf blau-weiß gestreiftem Untergrund entgegenwehen. Die Rosen stehen für die sieben freien friesischen Seelande, die sich im 14. Jahrhundert von der Zuidersee bis zur Weser erstreckten.

Die vielleicht berühmteste Friesin ist Margaretha Geertruidia Zelle. Sie wurde am 7.8.1876 in Leeuwarden, der Provinzhauptstadt Frieslands, geboren. Die Künstlerin verbrachte einige Jahre in den niederländischen Überseegebieten, bevor Sie in Paris unter dem Namen „Mata Hari" als gefeierte Tänzerin bekannt wurde. Während des 1. Weltkrieges wurde sie, die zahlreiche Affären zu deutschen und französischen Offizieren unterhielt, von den französischen Behörden der Spionage für Deutschland verdächtigt und 1917 zum Tode verurteilt, obwohl keine eindeutigen Beweise für ihre Schuld erbracht werden konnten.

Sommervariante über die Inseln Texel und Vlieland nach Harlingen

62,5 km

Wer dem eindrucksvollen Abschlussdeich das Schaukeln von Fähren vorzieht, dem bietet diese Variante das Inselleben als Alternative. Die kleine Fähre nach Vlieland fährt aber nur von Mai bis September, in der Nebensaison nicht täglich und muss unbedingt 1-2 Tage vorbestellt werden! (Genaue Information s. Datenblock De Cocksdorp, S 86).

Übrigens sind Texel und die Friesischen Inseln der letzte Rest der einstmals geschlossenen Dünenküste. Dazwischen erstreckt sich nun das Wattenmeer bis hinüber nach Deutschland.

Über ehemalige Inseln wie Callantsoog und Huisduinen geht es noch auf der Noordzeeroute zum Marine- und Fährhafen Den Helder an Hollands Nordspitze. Auf Texel ersetzt ein dichtes Radroutennetz die Fernwegweisung und ermöglicht so auch Rundrouten, falls man nicht nach Vlieland weiterfahren möchte. Vlieland selbst ist fast autofrei und bei ordentlichem Westwind ein rasendes Radelerlebnis!

Die offizielle Hauptroute ist auf Texel ein paar Kilometer unbefestigt, der Abschnitt kann aber problemlos umfahren werden. Der wenige Autoverkehr ist dabei kein Problem.

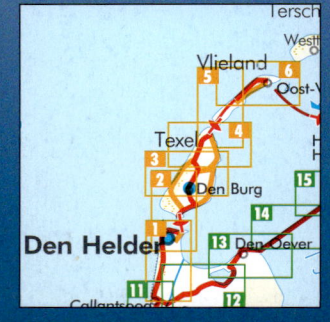

Vom Abzweig Callantsoog zum Fährhafen von Den Helder   21,5 km

Kurz nach dem Abzweig der LF-Route 10 macht die Straße einen scharfen Linksknick und die Noordzeeroute LF1b geht weiter auf dem Radweg entlang der Straße **Zuid-Schinkeldijk** nach **Callantsoog** hinüber ↝ auf Höhe des Parkplatzes rechts biegt der Radweg halbrechts hinauf, direkt auf die Holzkirche von Callantsoog zu.

Callantsoog
Vorwahl: 0224

🛈 VVV Callantsoog, Jewelweg 8, ✆ 581541

Oben kurz rechts wieder auf die Hauptstraße der ehemaligen Insel ↝ an der Gabelung links halten und kurvig aus dem Ort hinaus ↝ an der Kreuzung am Ortsende auf den linksseitigen Radweg ↝ auf diesem unterhalb des schmalen Dünenstreifens entlang gut 3 Kilometer nach Grote Keeten.

Groote Keeten

Am Parkplatz vor dem Örtchen, das rechter Hand liegen bleibt, geht der Radweg geradeaus von der nach rechts abknickenden Straße weg

zwischen Callantsoog und Huisduinen

↝ später wechselt der Radweg wieder zum östlichen Rand der Dünen hinunter ↝ er führt nun leicht erhöht in Sichtweite der Straße **Duinweg** gen Norden ↝ mit Blick auf den jungen Polderort **Julianadorp** knickt der Radweg gut 2 Kilometer später, noch hinter dem Restaurant Zoisdat nach links ein Stück in die Dünen hinein ↝ auf Höhe des Bungalowparks **De Zandloper** erreichen Sie noch einmal fast die Straße ↝ kurvig und hügelig die nächsten 3 Kilometer weiter, immer zwischen schmalem Dünenstreifen und der Straße **Zanddijk** bleiben.

An einer T-Kreuzung links ab der Duinroute folgen – rechts hinter den Bäumen ist schon **Den Helder** und sein Aussichtsturm zu sehen ↝ den Querweg kurz danach geradeaus kreuzen ↝ geradeaus am Info-Punkt **Donkere Duinen** vorbei in Richtung Huisduinen ↝ wenig später halblinks auf den breiteren Weg und an einer Schranke vorbei hinauf ↝ links am großen Dünensee der Helderse Duinen entlang ↝ geradewegs geht es nun auf der Asphaltstraße auf das erhöht liegende Fort **Kijkduin** zu, dahinter der Leuchtturm.

Huisduinen
Vorwahl: 0223

✴ **Fort Kijkduin**, Admiraal Verhuellplein 1, ✆ 612366. ÖZ: Mo-So 10-18 Uhr. Das Fort wurde 1811 im Auftrag Napoleons errichtet.

🐟 Im Fort Kijkduin befindet sich ein **Nordseeaquarium**.

🌳 Im Mittelpunkt der Schutzbemühungen im **Naturpark „De Donkere Duinen"** steht die Erhaltung der ursprünglichen Vegetation.

Ein Stück vor dem Kuppelbau des Aquariums geht es scharf links über den Deich und hinunter direkt ans Ufer ↝ unten wieder rechts ab am Wasser entlang.

Unterhalb des eckigen Küstenwachtturms von **Huisduinen** vorbei, ein paar hundert Meter weiter schaut der rote **Lange Jaap**, mit

77

64 Metern der höchste gusseiserne Leuchtturm des Landes, von hinter dem Deich herüber. Im Feuchtbereich des **Huisduinerpolders** dahinter wimmelt es von Stelzenläufern.

Auf der Außenseite des Deiches radeln Sie nun gut 6 Kilometer bis zum Fährhafen von **Den Helder**, wo stündlich die Boote nach **Texel** ablegen.

Anschluss zum Bahnhof und Zentrum von Den Helder   2 km

Wenn Sie noch nicht direkt nach Texel übersetzen möchten, halten Sie sich am Fährhafen weit rechts herum und auf der Innenseite des Deiches zurück ~ der Radweg am **Kanaalweg** vor der Loodsgracht führt am Marinemuseum vorbei bis zur **Postbrug** ~ über diese Brücke nach links über den Koningsplein und geradeaus auf die **Prins Hendriklaan** ~ vor dem modernen Stadtzentrum wird der Auto- und Radverkehr im Rechtsbogen via **Polderweg** auf den Wasserturm zu geleitet ~ dahinter links auf dem **Middenweg** zum Bahnhof, von wo auch die Überlandbusse starten.

Variante
Texel–Vlieland **1**

Den Helder

Vorwahl: 0223

- **VVV Den Helper,** Bernhardplein 18, 1781 HH Den Helder, ✆ 625544
- **Fähre zur Insel Texel,** ✆ 0222/369600 od. 369691, Fahrzeiten: Mo-Sa stündl. 6.30-21.30Uhr (retour 6.00-21.00 Uhr), So erst ab 7.30 Uhr, Fahrtdauer etwa 30 Minuten
- **Seenotrettungsmuseum** „**Nationaal Reddingsmuseum Dorus Rijkers**", Willemsoord 60G, ✆ 618320; ÖZ: Mo-Sa 10-17 Uhr, So 13-17 Uhr. Ausführlich dokumentiert das Museum die Geschichte des niederländischen Seenotrettungsdienstes anhand von Dokumenten, Schiffsmodellen und Skizzen. Herzstück der Ausstellung sind die beiden Seenot-Rettungskreuzer „Twenthe" und „Ubbo".
- **Marine Museum**, Hoofdgracht 3, ✆ 657534; ÖZ: Mo-Fr 10-17 Uhr, Sa, So/Fei 12-17 Uhr, geschlossen Nov.-April Mo, 25. u. 26.12. und 1.1. Den Helder ist der Heimathafen der Königlichen Flotte. Was läge also näher, als hier ein Marinemuseum zu errichten?
- **Museum Feuerschiff "Texel"**, Oude Rijkswerf „Willemsoord", Weststraat 1, ✆ 06-15613128; ÖZ: Sa, Di-Do 10-17 Uhr, So 13-17 Uhr. Die ehemaligen Feuerschiffe dienten zur Markierung gefährlicher Sandbänke und Untiefen. Das älteste dieser Feuerschiffe wurde nach der Außerdienststellung zu einem Museumsschiff umgewandelt.
- **Käthe Kruse Puppen- u. Spielzeugmuseum**, Binnenhaven 25, ✆ 616704; ÖZ: März-Dez., Do-Sa 14-17 Uhr, Juli-Aug. Di 14-17 Uhr. Die Ausstellung zeigt eine wechselnde Auswahl von etwa 160 Puppen aus dem 400 Stück großen Bestand.
- **Vergnügungspark Cape Holland**, Willemsoord 63, ✆ 6744010. Hier kann man das Leben früherer Seeleute nachempfinden: Ein echtes Schiff entern, in den Seilen klettern, einem Sturm trotzen, auf einem Schiff anheuern und Schätze entdecken.
- **Oranjerie**, Soembastr. 83, ✆ 614206; ÖZ Mo-Fr 9-17 Uhr, Juli-Aug. auch So 13-17 Uhr. Hier finden Sie eine Sammlung farbenfroher tropischer Pflanzen und den größten japanischen Garten der Niederlande.
- **Stationsrijwielstalling** (Fahrradgeschäft am Bahnhof), ✆ 619227

De Lange Jaap

In den ersten 10 Jahren des 19. Jahrhunderts veranlasste Napoleon Bonaparte den Ausbau Den Helders zu einer Festung, die gern als „Gibraltar des Nordens" bezeichnet wurde. Wenige Teile dieses Bollwerkes sind heute noch erhalten. Darunter befindet sich ein Teilstück des Festungsgrabens und die Forts „Erfprins", „Dirksz" und „Kijkduin". Bis heute ist Den Helder Flottenstützpunkt der Königlichen Marine. Dies brachte dem Städtchen die fast vollständige Zerstörung im Zweiten Weltkrieg ein. Der daraus trauriger Weise resultierende Mangel an historischer Bebauung fällt hier schmerzhafter auf, als beispielsweise in Rotterdam, wo ihn spektakuläre moderne Bauwerke überdecken.

Texel

Texel ist die größte und populärste der Westfriesischen Inseln, gehört politisch aber noch zur Provinz Noordholland. Insgesamt ist die Insel gut 25 Kilometer lang und 9 Kilometer breit. Ein gut beschildertes Radwanderwegenetz von mehr als 135 Kilometern überzieht das Eiland. Die zahlreichen Naturschutzgebiete bieten seltenen Vogelarten eine ideale Rückzugs- und Brutmöglichkeit. Nur bedingt werden in diesen Gebieten Inselschutzmaßnahmen durchgeführt. Das Naturschutzgebiet „De Slufter" wird sogar ganz sich selbst überlassen. Ansonsten wird mit entsprechenden Maßnahmen versucht, dem Wanderungsdrang der Insel Richtung Osten entgegen zu wirken.

Mehr als 36.000 Lämmer und Schafe weiden auf der Insel. Überall auf den von kleinen Deichen umgebenen Wiesen begegnet man den typischen Schafshütten. Hier wird Heu und Futter gelagert. Einige dieser „halben" Scheunen wurden restauriert und stehen nun unter Denkmalschutz. Von Holland wird das Schaffleisch bevorzugt nach Frankreich exportiert, wo man es als „pré salé" sehr zu schätzen weiß.

Tipp: Auf Texel (und Vlieland) gibt es keine Beschilderung des LF1 mehr! Die offizielle Routenführung dieser Variante des Nordseeküsten-Radwegs hat also keine eigene Wegweisung!

Es gibt aber ein sehr dichtes und zuverlässiges Netz der rot-weißen Zielwegweisung für Radler sowie mehrere kleinere touristische Radrouten (grün auf weiß). Falls Sie z. B. nicht mit der kleinen Fähre weiter nach Vlieland möchten, können Sie sich mit dieser Hilfe aus den orangefarbenen Nebenrouten unserer Karten problemlos eine eigene Rundtour zusammenstellen; das Fährticket Den Helder–Texel gilt sowieso auch für die Rückfahrt.

Wo textliche Beschreibungen dazu nötig sind, haben wir sie an den fraglichen Stellen eingeschoben. Die übrigen Nebenrouten sind auch ohne Text sehr leicht nur mit Hilfe der Karten zu finden.

Vom Fährhafen via Den Burg nach De Koog   16,5 km

Auf Texel angekommen, dem Radweg folgend die Straße überqueren und rechts nach **'t Horntje** ~ am Ende des Radwegs links in die Straße **Dageraad**.

't Horntje
Vorwahl: 0222

🚢 **Fähre nach Den Helder**, ☎ 369600 o. 369691, www.teso.nl, Fährzeiten: Mo-So 6.05-21.05 Uhr, So erst ab 8.05 Uhr, Fahrtdauer etwa 30 Minuten.

Geradeaus auf den Radweg am Deich (De Rede) ~ nach knapp 2 Kilometern über die Brücke bei **De Sluis** weiter geradeaus ~ erneut fast 2 Kilometer am Deich **De Rede** folgen ~ nach einer Abzweigung und bevor der Radweg den Deich hochführt, biegen Sie zweimal links auf einen alten Deich (Redoute) ab.

Tipp: Rechter Hand auf dem Außendeich weiter kommt man nach 2,5 Kilometern nach Oudeschild.

Oudeschild
Vorwahl: 0222

🏛 Seefahrtsmuseum „Maritiem- en Jutters-Museum", Barentszstraat 21, ☎ 314956, ÖZ: Sept.-Juni Di-Sa 10-17 Uhr, So 12-17 Uhr, Juli-Aug. auch Mo. Eine große Ausstellung, die alles an Texels Stränden gefundene Strandgut zeigt; dazu Wissenswertes zu Schifffahrt, Fischerei und Archäologie der Insel.

Von hier aus können Sie dann der rot-weißen Zielwegweisung die 5 Kilometer nach **Den Burg** folgen (Schildereind).

Die erste Möglichkeit von der Redoute nach rechts ab ist der **Waterweg** ⤳ wieder 500 Meter weiter diesem links ab folgen ⤳ hinter den Häusern am Ende links in die gleichnamige Straße **Zuidhaffel** ⤳ Sie stoßen an die Vorfahrtsstraße **Pontweg**, deren Radweg Sie kurz nach rechts folgen ⤳ wenig später wieder halbrechts ab auf den nur mit Muschelkalk befestigten Radweg ⤳ diesem ins Landschaftsreservat **De Hooge Berg** folgen ⤳ am Ende kurz links in die **Leemkuil** und wieder rechts (**Haffelderweg**) ⤳ geradeaus auf diesem weiter in den Ort hinein ⤳ weiter geradeaus bzw. leicht nach rechts versetzt fahren Sie über **Schildereind** und **Weverstraat** ⤳ beim Haus Nr. 87 links in die **Parkstraat** und direkt rechts (**Burgwal**) ⤳ am Ende rechts durch die Einkaufstraße **Binnenburg** zum zentralen **Stenenplaats**.

Den Burg
Vorwahl: 0222

- **VVV Texel**, Emmalaan 66, 1791 AV Den Burg, ✆ 314741
- **Heimatmuseum (Museum Oudheidkamer)**, Kogerstraat 1, ✆ 313135; ÖZ: April-Okt., Mo-Fr 10-12.30 Uhr und 13.30-15.30 Uhr. Die ausgestellten Trachten, Kunst- und Gebrauchsgegenstände geben einen Eindruck des Alltages und der Lebensweise der vergangenen Jahrhunderte.
- **Historische Häuser** in der Weverstraat.
- **Kräutergarten** am Heimatmuseum

Über die **Waalderstraat** verlassen Sie Den Burg, ab der Kreuzung mit der **Bernhardlaan** auf straßenparallelem Radweg ⤳ an der Vorfahrtsstraße am Ende kurz rechts Richtung De Waal (linksseitiger Radweg) ⤳ die erste links ab (**Meijertebos**).

Tipp: Geradeaus haben Sie die Möglichkeit, auf schnell zu befahrendem und komplett asphaltiertem Weg zur Fähre nach Vlieland zu gelangen.

Über De Waal und Oosterend zur Fähre nach Vlieland 19,5 km

Hierzu radeln Sie entlang der Straße via De Waal nach Oosterend.

De Waal
Vorwahl: 0222

- **Landwirtschaftmuseum (Agrarisch- en Wagenmuseum)**, Hogereind 4-6, ✆ 312951; ÖZ: April-Okt., Mo 13.30-17 Uhr, Di-Sa 10-17 Uhr, So 14-16 Uhr. Kutschen und landwirtschaftliche Gebrauchsgegenstände sind hier ausgestellt. Außerdem kann eine alte Schmiede besichtigt werden.

Am Ortsbeginn von **Oosterend** halbrechts hinein und im Großen und Ganzen geradlinig hindurch.

Variante Texel–Vlieland 2
Waddenzee
Texelstrom
Malzwin
Balgzand
Noordzee
Marsdiep
Breewijd
Den Helder - Texel
ca. 25min
Den Burg
Den Hoorn
Den Helder
Texel
De Veen
Hoogte
Russen-kerkhof
De Hoge Berg
Zuidhaffel
Westergeest
Oude Schans
Brakenste
Waterweg
Haffelderweg
Pontweg
Noordhaffel
Elba
Katwijk
De Sluis
Prins Hendrik polder
't Horntje
Hoornder Weg
Akenbuurt
Pompstat
Driehuizen
Witte Engel
De Kamp
De Hemmer
Atlas
Alexanderhoeve
Buitendijk
Watermolenweg
Hoornder nieuwland
Zuideind
Mok
Joost Dourleinkazerne
Kolk
Op Ruimte
De Westen
Uitzichttoren
Westerheem
De Mient
De Naal
De Kuil
De Geul
De Hors
Onrust
Moksloot
Hoorder Slag
Loodsmansduin
Paal 9
Wester Duinen
Wierhoofd
Marine-museum
Nieuwe Haven
Oude Haven
De Schooten
Vliegveld De Kooy
De Garst
Nieuwe Weg
Doggersvaart
Vuurtoren „De Lange Jaap"
Fort Kijkduin
Nieuw Den Helder
Kap Hoofd
Helsdeur
Noorderhoofd
Huisduinen
Middel-hoofd
Zuider-hoofd
Grafelijkheidsduinen
Uitzichttoren
Rietbosch
Zanddijk
Donkere Duinen
83

Oosterend

Vorwahl: 0222

- Die **Kirche** stammt aus dem 12. Jh. und ist die älteste auf Texel.
- Umgeben ist die Kirche von **hübschen Häusern**, deren Fassaden nach Restaurierungsarbeiten in altem Glanz erstrahlen.
- Naturschutzgebiet "De Schorren".
- Destille **Wijnhuis Oosterend**, Kerkstraat 11. Hier ist der Texelsche Kräuterbitter und der "Texelse Boerenjongen", ein Branntweinlikör mit Rosinen, erhältlich. Daneben lagern im Keller des 1650 stammenden Hauses 36 Sorten Portwein, Sherry, Likör und Wein.

Auf der **Achtertune** geht es wieder hinaus ↝ rechts der Straße **Oostkaap** zum gleichnamigen Kap mit dem **Eisenturm** folgen ↝ von hier aus bleiben Sie bis **De Cocksdorp** immer direkt am bzw. auf dem Deich. Im Ort münden Sie auf die von links kommende Hauptroute zur Fähre.

Auf der Hauptroute folgen Sie den Kurven von **Meijertebos**, am Ende rechts in den **Burgerdijk** ↝ nach etwa 400 Metern links in den ersten Pfad, den Radweg Richtung De Muy (Pilz Nr. 23847) ↝ geradeaus den **Nieuwlanderweg** kreuzen ↝ weiter auf den Radweg auf dem alten **Waalenburgerdijk** ↝ am Ende links (**De Staart**) und direkt wieder rechts ↝ am kreuzenden **Oude Dijkje** ganz kurz rechts, dann wieder links auf den **Waalenburgerdijk** ↝ an der Vorfahrtsstraße **Ruigendijk** am Ende links ab auf den straßenbegleitenden Radweg und auf die Dünen zu ↝ die Radroute geht hinter dem **Naturschutzgebiet Korverskooi** rechts ab, geradeaus führt Sie der Radweg ins Zentrum des Badeortes **De Koog**.

De Koog

Vorwahl: 0222

- Naturschutzgebiet "De Muy".
- **Seehundeklinik und Zentrum für Watt und Nordsee "Ecomare"**, Ruyslaan 92, ✆ 0222/317741; ÖZ: Mo-So 9-17 Uhr. Das Museum bringt dem Besucher den äußerst komplexen Lebensraum Wattenmeer und die Kultur und Natur von Texel und der Nordsee näher (mit Meeresaquarium). Die Seehundauffangstation betreut junge und übernimmt die Pflege kranker Seehunde und Seevögel.
- Schwimmbad "Zwemparadijs Calluna", Schumakersweg 3, ✆ 317888.
- Naturschutzgebiet "De Slufter". Die herrliche Strandlandschaft zieht sich viele hundert Meter in die Insel hinein. Die zahlreichen Priele entstanden während einer Sturmflut, die die Dämme brechen ließ und die Weiden überschwemmte.

Variante: Von 't Horntje (Fähre) über Den Hoorn nach De Koog   16 km

Auf Texel angekommen, geht's nun auf den Radweg, der sich rechts der kleineren Landstraße und der Hauptstraße befindet ↝ Sie folgen den Schildern nach **Den Hoorn**, das heißt, Sie überqueren die Hauptstraße nach links und fahren auf dem Radweg rechts der Straße Richtung Den Hoorn ↝ rechts in den Weg **Molwerk** und weiter in den **Watermolenweg** immer auf dem Radweg ↝ dann den **Watermolenweg** queren und auf dem "fietspad" weiter ↝ entlang dem **Stolpweg** auf dem Radweg nach Den Hoorn.

Variante Texel–Vlieland 3
Noordzee
Waddenzee
Eenhoornplaat
Texelstrom
Overdiep
Texel
Zuid-Eierland
Ruimzicht
Korverskooi
Vooruitgang
Padang
De Nederlanden
Koogerveld
De Koog
De Driehoek
Eierland Kanaal
Veelust
Drijvers Vogelweid De Pol
Krassekeet
Polder het Noorden
De Kaay
Oost
Avanti
Hertenkamp
Molenkil
Noorderbuurt
Zevenhuizen
Harkebuurt
Oosterend
Polder Waal en Burg
Bargen
De Nes
Molenbuurt
Bargerhof
Byron
Oostkaap
Eversteekoog
Pelikaan
Aurora
Noordkroon
Weegeswaal
EcoMare
Californië
Duinpark
De Bremakker
Burger-nieuwland
Ongeren
De Wael
Wagenmuseum
Spijkdorp
Nieuweschild
Spang
De Zandkes
De Waal
Zuidgeest
Tienhoven
Rembrandt
Gerritsland
Welbedacht
De Mars
NSG
Westermient
Akenbuurt
Den Burg
De Veen
Uitzichttoren
„Bos en Duin"
Op Ruimte
Pompstat
Dijkmanshuizen
Troelje
De Snippen
Wester Duinen
De Westen
Driehuizen
Witte Engel
Hoogte
Russen-kerkhof
Molenmieland
Westerheem
De Kamp
Noordhaffel
De Hoge Berg
Brakenstein
De Hemmer
Elba
Zuidhaffel
Oudeschild
Westergeest
Oude Schans
Pontweg
Ruigendijk
Waalenburgerdijk
Westerweg
Oude Dijkje
De Staart
De Staart (Middenweg)
Limietweg
Postweg
Hoofdweg
Muyweg (Eerste Dwarsweg)
Zwinweg (Tweede Dwarsweg)
Schorrenweg
Noorddijk
Oostkaap
Lange Veld
Ruyslaan
Randweg
Mennikenweg
Gerritslander Dijkje
Grensweg
Rozendijk
Burgerdijk
Meijertebos
Wanderstraat
Laagwaal
Laagwaalder Weg (Lange Waalsweg)
Veense Langweg
Usdijk
Bakkenweg
Jan Ayeslag
Oude Weg
Haffelderweg
Leemkuil
Schilderweg
N 501
Waterweg
Hoornder Weg
De Eyercoogh
4
2

Den Hoorn
Vorwahl: 0222

- Die **Kirche** (1500) ist eines der Wahrzeichen der Insel.
- Die Dünen vor Den Hoorn laden zu ausgedehnten Dünenwanderungen ein.

Im ausgehenden 14. Jahrhundert entstand Den Hoorn in der Nähe der ehemals höchsten Düne der Insel, der „Loodsmansduin" (Lotsendüne). Sie diente den Lotsen als Aussichtspunkt.

Der Fahrradbeschilderung in Richtung De Koog folgen ~ weiter durch die schmale Gasse ~ dann auf der rechten Seite auf den Radweg ~ bei der Kreuzung rechts auf dem Radweg Richtung De Koog, links geht es zum Campingplatz und geradeaus zum Strand ~ auf dem Radweg entlang der Straße, später durch den Wald ~ an der Kreuzung bei dem Restaurant Bos-en-Duin dem Schild zum Strand nach links folgen ~ weiter auf der Straße am Aussichtspunkt und am Restaurant vorbei ~ daneben an der Kreuzung auf dem rechten Weg (**Randweg**, erlaubterweise gegen

De Koog

die Einbahn) weiter ~ nach etwa 3,5 Kilometern an der **Seehundeklinik Ecomare** vorbei (siehe Datenblock De Koog).

Auf den Radweg auf der linken Wegseite.

Tipp: In De Koog Radwegbenützungspflicht!

Zum Anschluss an die Hauptroute weiter auf dem Radweg der Straße entlang wieder aus dem Ort hinaus.

Von De Koog zur Fähre nach Vlieland 11,5 km

Von der Hauptstraße am **Naturreservat Korverskooi** nach Norden auf den Radweg unterhalb der Dünen einbiegen ~ ab der Zufahrt **Zuid-Eierland** verläuft der Radweg neben der Straße (**Zanddijk**) ~ immer geradewegs entlang zum Aussichtspunkt über De Slufter.

Geradeaus durch die Klappschranke Richtung Krimbos ~ nach knapp 1,5 Kilometern nach links die Straße überqueren und rechts weiter Richtung Krimbos ~ am Rand von **De Cocksdorp** rechts ~ am einfachsten auf der verkehrsberuhigten Hauptstraße durch den jungen Ferienort.

De Cocksdorp
Vorwahl: 0222

- **Fährfahrten nach Vlieland**; Infos und Vorbestellung (mindestens einen Tag vor Abfahrt!) beim Kiosk Paviljoen Vliezicht, Paal 33, ☎ 316451 oder 06-13524734, www.waddenveer.nl. Fährzeiten wetterabhängig Mai-Sept., Hauptsaison täglich 16 u. 17.15 Uhr, Nebensaison Di-Do u. So 17.15 Uhr. Außerdem kann man **Wattenfahrten** zu den Seehundbänken buchen.

- **Mohai-Skulptur**, Postweg. Dies ist die einzige Mohai-Skulptur außerhalb der Osterinseln! Dem niederländischen Entdecker der Osterinseln, Jacob Roggeveen zu Ehren wurde sie hier am Postweg aufgestellt. Der Niederländer war zu seiner Fahrt in den Pazifik von Texel aus aufgebrochen.

- **Segelschule De Eilander**, Paal 33, ☎ 316699.

Mit De Cocksdorp haben Sie das nördlichste und jüngste Dorf Texels erreicht. Das kleine Örtchen entstand erst 1835, als der Polder Eierland trocken gelegt wurde. Benannt wurde es nach einem aus Antwerpen stammenden Reeder. N. J. De Cock, dem aufständischen Belgien entflohen, ließ auf dem von ihm erworbenen Grund einen 11 km langen Deich ziehen, der nach nur fünfmonatiger Bauzeit fertig war.

Variante
Texel–Vlieland 4
Noordzee
Waddenzee
Texel
Polder Eijerland
Eierlandsche Duinen
De Cocksdorp
De Koog
De Slufter
Slufterbollen
De Muy
Stuifdijk
Zanddijk
Ballastplaat
Vogelzwin
Vlakte van Kerken
De Schorren
Zeehonden-reservaat
Reddingsboot
Paviljoen „Vliezicht"
De Robbenjager
De Hoek
De Krim
Sluftervallei
Vakantiecentrum De Krim
Golfplatz
Hanenplas
Dorpzicht
Zeeburg
Holland
Bern
Polder de Eendracht
Zeeland
Dordrecht
Blandenberg
Midden-Eierland
Slufteroord
Slufterhoek
Slufterduin
's-Hertogenbosch
Breda
Eijerland
Irenehoeve
De Putten
Kl. Zeeland
Polder het Noorden
Zuid-Eierland
Vooruitgang
Ruimzicht
Padang
De Driehoek
Veelust
Krassekeet
Koogerveld
Korverskooi
De Nederlanden
Drijvers Vogelweid De Pol
Eierland Kanaal
Hogezandskil
Roggesloot
Lancasterdijk
Krimweg
Postweg
Hoofdweg
Oorsprongweg (Derde Dwarsweg)
Slufterweg (Tweede Dwarsweg)
Muyweg (Eerste Dwarsweg)
Schorrenweg
Zwinweg (Tweede Dwarsweg)
Limietweg
Ruimzichtweg
De Cocksdorp
5
3
2,5
4
3,5
4,5
2
7

Vor zum **Lancasterdijk** und dort links ab ↝ nach etwa 2 Kilometern sehen Sie schon Schilder, die Sie nach rechts zum Rettungsboot leiten, wo auch die kleine Fähre „Vriendschap" nach **Vlieland** abfährt. Karten dafür gibt's ein Stückchen weiter beim Strandpaviljoen Vliezicht.

Tipp: Geradeaus weiter kommen Sie auf dem Vuurtorenweg zur **Nordspitze von Texel mit dem großen Leuchtturm**. Vom Parkplatz unterhalb des Panoramarestaurants startet der „Strandräuber" (niederl.: Jutter) mit Touristen zu seinen interessanten Ausflügen ins Watt.

Tipp: Nach der Ankunft auf Vlieland haben Sie während des 7 Kilometer langen LKW-Transports zum Posthuis durch das militärische Übungsgelände Gelegenheit, die Sandwüste Vliehors zu betrachten.

Vlieland

✺ **Vliehors.** In der Woche wird das Areal als Truppenübungsgelände genutzt. An den Wochenenden können Besucher das Gelände auf eigene Gefahr betreten.

⚠ **Vogelschutzgebiet „Kroon's Polders".** Das Schutzgebiet erstreckt sich südwestlich vom Posthuis und bietet Vögeln ein ideales Brutgebiet. Informationen zu Exkursionen durch das Vogelschutz-

gebiet und die nördlich anschließenden Meeuwenduinen erhalten Sie im Besucherzentrum von Vlieland.

Die Insel Vlieland ist ein ruhiger und beschaulicher Ort. Nur die Inselbewohner besitzen eine Autofahrgenehmigung, so dass sich die Erholungssuchenden fast ganz ungestört von lästigem Verkehr auf der Insel bewegen können. Im ausgehenden 18. Jahrhundert wurde der westliche Teil der Insel, West-Vlieland, vom Meer fortgespült. Nur Oost-Vlieland blieb erhalten. Seit Beginn des Jahrhunderts werden Aufforstungsmaßnahmen vorgenommen. Sie sollen die Versandung im Osten der Insel bremsen. So liegt der kleine Ort Oost-Vlieland umgeben von einigen Waldgebieten. Die Insel besitzt herrliche Strände, an denen es sich schön wandern lässt.

Vlieland: Vom Posthuis zur Fähre nach Harlingen   10,5 km

Tipp: Es empfiehlt sich besonders bei starkem Gegen- oder Seitenwind, die fast autofreie Straße zu benutzen, da Sie auf der Landseite der Dünen windgeschützter, geradliniger und flacher verläuft.

Dazu folgen Sie ab dem Posthuis dem **Postweg**, der einzigen Straße der Insel nahe der südöstlichen Watt-Küste, nach **Oost-Vlieland**.

Die offizielle Variante führt Sie auf der nordwestlichen, windigen Inselseite hüglig durch die Dünen nach Oost-Vlieland, wir empfehlen sie daher für Tage mit südwestlichen (Rücken-)Winden.

Kurz hinterm Posthuis am **Pilz Nr. 21735** vom **Postweg** nach links Richtung Dam 20 abzweigen ↝ nach gut 600 Metern beginnt am Pilz Nr. 21752 rechts der Radweg durch die Dünen Richtung **Dorp**.

Fünf Kilometer weiter zweigt nach einer weiten Rechtskurve die Route beim **Pilz Nr. 21774** nach links ab (Richtung Dorp) im Wald angekommen scharf rechts Richtung Torenvijver (**Pilz 23208**) ↝ 100 Meter weiter

Texels Leuchtturm

Variante Texel–Vlieland 5
Waddenzee
Noordzee
Vlieland
West-Vlieland of Vliehors
Militair Oefen- en Schietterrein
Reddingshuisje
LKW-Transport
Meeuwen-vallei
Cavalerie-Schietcamp
Kroon polder
Observat post
Fries Fryslân
Noord Holland
Kolk
Steenplaat
Hengst
Ballastplaat
Vogelzwin
Engelsmangat
Dwars in den Weg
Robbengat
De Cocksdorp
Zeehonden-reservaat
Lancasterdijk
Reddingsboot
Paviljoen „Vliezicht"
De Robbenjager
De Hoek
Polder Eijerland
Vakantiecentrum De Krim
Sluftervallei
Eierlandsche Duinen
De Krim
Zeeburg
Texel

wieder nach links (Richtung Torenvijver, 23209) ~ an der Straße (23211) rechts ab, nun wieder Richtung Dorp ~ auf dem **Badweg**, der auf der anderen Seite den Strand und das Strandhotel anbindet, kommen Sie ins Dorf **Oost-Vlieland** ~ am Ende (23216) links und direkt scharf rechts ~ hinter der Kirche über den Platz und geradeaus in die Gasse ~ am Ende links in die **Dorpsstraat**.

Oost-Vlieland
Vorwahl: 0562

- **VVV Vlieland**, Havenweg 10, 8899 BB Vlieland, ✆ 451111
- **Fähre Vlieland-Harlingen**, Rederij Doeksen, ✆ 442002; Die Fährzeiten: ab Vlieland Mo-Sc 7, 11.30, 16.30 u. 18.15 Uhr. Ab Harlingen Mo-So 9.20, 14.20 und 19.05 Uhr.
- **Cultuur Historisch Museum "Het Tromp's Huys"**, Dorpsstraat 99, ✆ 451600; ÖZ: Di-Fr 13-17.30 Uhr, Führungen in deutscher Sprache. In diesem Admiralitätshaus aus dem 16. Jh., dem ältesten der Insel, findet sich alles über die Geschichte der Insel, ihre Besonderheiten und die ihrer Bewohner. Dazu kommt die Sammlung der Künstlerin Betzy Akersloot-Berg, einer

Nordspitze von Texel

Schülerin von H. W. Mesdag: norwegische und holländische Gemälde und Antiquitäten.

- **Naturhistorisches Museum im Besucherzentrum Vlieland**, Dorpsstraat 150, ✆ 451700; ÖZ: April-Sept., Mo-Sa 10-12 Uhr und 14-17 Uhr, Okt.-März, Mi, Sa 14-17 Uhr. Informationen über die Natur der Insel und des Watts, mit Nordseeaquarien.
- **Centrum voor Informatie en Educatie "De Noordwester"**, Dorpsstraat 150, ✆ 451700; ÖZ: wie Tromp's Huys (s. o.). Allgemeine Informationen über die Flora und Fauna Vlielands und seiner Umgebung. Dazu ein Strandräuber-Speicher und Ausstellungen über Schiffsunglücke und die Funde von Wrack-Tauchern, Durchführung von Wattwanderungen.
- **Nederlandse Hervormde Kerk**, Kerkplein, ✆ 451669, ÖZ: Juni-Aug., Mi 10-12 Uhr u. n. V. Im Jahre 1642 wurde sie im Stil skandinavischer Kirchen erbaut. Im Inneren sind ein Kronleuchter und zwei Schiffsmodelle zu sehen; draußen alte Grabsteine aus Walknochen.
- **Vuurtoren**, Vuurboetsduin, ✆ 451326 o. 451389; ÖZ Mo-Fr 14-16 Uhr, Sa und in der Sommersaison auch 10.30-12 Uhr. Der im Jahre 1909 erbaute **Leuchtturm** erhebt sich noch einmal 18 Meter über der höchsten Düne der Insel (45m!) und bietet einen schönen Weitblick über die Wattenmeerküste.
- Die schönsten **Treppengiebel** aus dem 17. Jh. befinden sich an der Dorpsstraat.
- Das „**Bezoekercentrum Vlieland**" bietet Wald-, Dünen- und Wattwanderungen sowie Exkursionen durch die (Vogel-) Schutzgebiete Kooipleksid, Oude en Nieuwe Kooi an. Führungen durch die Kroonspolders und die Meeuwenduinen starten in der Brutzeit 15. April-15. Aug., Mo-Fr. um 10 Uhr und 14 Uhr vom Posthuis.
- **Fahrrad- und Strandwagenvermietung**: Fietsenverhuur Frisia, Dorpsstraat 17 u. 113, ✆ 451501
- **Jan van Vlieland**, Dorpsstraat 8 u. Lutinelaan 1, ✆ 451509
- **Zeelen**, Dorpsstraat 2 u. Jachthafen, ✆ 451699

Auf der **Dorpsstraat** kommen Sie an die Kaimauer, wo am Ortsende die **Fähre nach Harlingen** ablegt.

Tipp: Falls Sie einen Ausflug auf die Insel Terschelling einplanen, können Sie auch direkt von Vlieland aus übersetzen.

Terschelling

- **Fähre Vlieland-Terschelling**, Rederij Doeksen, ✆ 442002; Fährzeiten: ab Vlieland Mo-So außer erster Di im Monat 7.50 Uhr und 19.10 Uhr (Mo erst 8.50 Uhr). Ab Terschelling 10.30 Uhr und 18.50 Uhr.
- **VVV Terschelling**, Willem Barentzkade 19a (Postbus 20), 8880 AA Terschelling West, ✆ 0562/443000

Variante
Texel–Vlieland 6
Noordzee
Zuider Stortemelk
Vliestroom
Vliesloot
Harlingen 1¾ h
16
Vlieland
Kaap Bol
Strandhotel
Klaas Douwes
Ruige Plak
Noordoosthoek
Helihaven
Lange Baan
Badweg
Kooisplek
Vuurduin
Oost-Vlieland
Poterslid
Kooispleklid
Rug van het Veen
Richel
Vlielander Balge
Lange Paal
Vallei van het Veen
Nieuwe Endenkooi
Oude Huizenlid
Oude Eendenkooi
Postweg
Fransche Gaatje
Vakantieoord Posthuis
Meeuwenduinslid
LKW-Transport
5
Meeuwen-vallei
Polderweg
Kroon's polders
Cavalerie schietcamp
Waddenzee

Von Harlingen nach Leer

219 km

Nun radeln Sie durch Friesland und die Provinz Groningen, eher dünn besiedelte Landstriche in den ansonsten dicht bevölkerten Niederlanden. Und auch sonst ist hier einiges anders: zusätzliche Amtssprache ist Friesisch (frys), was sich an vielen zweisprachigen Ortsschildern erkennen lässt. Während die Dünenküste und die Inseln langsam verschwinden, wächst hier das Land durch Anschwemmung. Die Route trifft auch weit im heutigen Landesinneren auf erhöht liegende Warftendörfer und Deiche, die frühere Küstenlinien markieren. Oder sie zieht sich schnurgerade durch junge Polderflächen. Delfzijl am Dollard ist nach langer Zeit die einzige Stadt am Weg, bevor es bei Nieuweschans hinüber nach Deutschland und an die Ems geht.

Abseits der ganz großen Straßen gibt es hier fast keine eigenen Radwege mehr – sie sind bei der äußerst niedrigen Verkehrsdichte auch völlig unnötig. Die kleinen Sträßchen und Feldwege sind praktisch überall glatt asphaltiert.

Vom Fährhafen Harlingen nach Sint Jacobiparochie　　22,5 km
Harlingen　　s. S. 72

Tipp: Harlingen ist auch Fährhafen für die Wattenmeerinseln Terschelling und Vlieland, die sich beide auch für einen Tagesausflug anbieten. Für die Fähren bekommen Sie nur Retourtickets.

Variante: Ebenfalls beschildert führt Sie die Route LF 42 nach Franekert, von wo aus Sie die Hauptroute in Tzummarum oder Sexbierum wieder erreichen können.

Terschelling　　s. S. 90
Vlieland　　s. S. 88

Vom Harlinger Hafengebäude aus geradeaus hinunter zur Hauptstraße ~ hier halbrechts auf die Radspur der **Prinsenstraat** Richtung Süden begeben ~ nach Querung der ersten kleinen Schleusenbrücke links ab in die Straße **Noorderhaven** ~ mit der drehbaren Fußgänger- und Radfahrerbrücke nach gut 300 Metern den alten Hafen wieder nach links überqueren ~ auf dem **Bildtseweg** geradeaus die Gracht Zoutslot kreuzen ~ im Rechtsbogen am Park vorbei hinauf zur Vorfahrtsstraße **Oude Ringmuur** ~ mit dieser nach rechts über die Schleuse des Van Harinxma Kanaals ~ hinter der Kreuzung auf die linke Straßenseite der N 390 wechseln ~ auf dem Radweg entlang des breiten **Zuidwalwegs**.

⚠ **Tipp:** Vorsicht, die Einfahrten nach links ins Industriegebiet am Vissershaven sind oft schlecht gepflastert und die LKW-Fahrer beachten Ihre Vorfahrt leider nicht immer.

Hinter der Raffinerie biegt der Radweg nach links weg und bleibt oben am Deich ~ er mündet in Folge auf die kleine Straße unterhalb des Deiches ~ hinter der Werft halbrechts auf das Sträßchen unterhalb des **Vijfdelendijks** ~ vorbei an den Häusern von **Roptazijl** ~ etwa 2 Kilometer danach zur Straße **Frousleane**.

Tipp: Hier können Sie rechts nach Sexbierum abbiegen und in Folge das schöne friesische Städtchen Franeker (fries.: Frentsjer) besuchen.

Variante über Sexbierum und Franeker nach Tzummarum　　15,5 km

Auf der Straße Frousleane Richtung Sexbierum ~ die erste Möglichkeit links auf die **Hoarnestreek** ~ an der nächsten Möglichkeit rechts zur N 393, diese überqueren und nach **Sexbierum** hinein ~ erste Möglichkeit links und bei der Kirche wieder rechts.

Sexbierum
Vorwahl: 0517

🏛 **Technisch Doe-Centrum Aeolus**, Hearewei 24a, ☎ 591144, ÖZ: Di-Sa 11-17 Uhr, So 13-17 Uhr. Technisches „Mitmach-Museum" mit über 50 begreifbaren Versuchsanordnungen.

🏛 **Monnikmolen De Korenaar** („Mönchsmühle Der Kornadler", 1861), Hearewei 30, ☎ 591500. Harlinger Kacheln und Geschirr, Deckengemälde, Statuen- und Bauerngarten.

⛪ **Hervormde Kerk**, Hottingabûr 22. Sehenswert sind die ge-

93

schnitze Kanzel (1768), Taufzaun, Texttafeln und Herrenbänke.

※ **Geburtshaus des Admirals Tsjerk Hiddes**, Alde Buorren 3.
※ **Kaasboerderij Goodijk**, Slachte 4, ✆ 592566, Besichtigung des Käsebauernhofs n. V.

Auf dem **Frentsjerterdyk** Richtung Südosten den Ort verlassen ➝ am Ende rechts auf den alten Deich **Slachte** ➝ bei den Häusern von **Getswerdersyl** noch vor der Brücke links halten ➝ nach rechts die Autobahn unterqueren ➝ an der großen Kreuzung rechts hinein in das Städtchen.

Franeker / Frentsjer
Vorwahl: 0517

🛈 **VVV-agentschap Franeker**, Voortstraat 49-51, 881 LA Franeker, ✆ 0900/9229.
🏛 **Gemeentemuseum 't Coopmanshûs**, Voorstraat 51, ✆ 392192, ÖZ: Di-Sa 10-17 Uhr, April-Sept., auch So 13-17. Uhr. In der alten, immer noch funktionstüchtigen Stadtwaage zeigt die Sammlung die 226-jährige Geschichte der Franeker Universität (seit 1585).
🏛 **Het Kaatsmuseum**, Voorstract 2, ✆ 393910, ÖZ: Mai-Sept., Di-Sa 13-17 Uhr. Alles über die traditionelle fries sche Ballsportart Kaatsen.
🏛 **Planetarium Eise Eisinga**, Eise Eisingastraat 3, ✆ 393070,

ÖZ: Di-Sa 10-17 Uhr, Mai-15. Sept., auch So u. Mo 13-17 Uhr. Hier baute der Hobbyastronom Eisinga zwischen 1774 und 1781 sein Modell des damals bekannten Sonnensystems. Heute ist diese voll bewegliche Maschinerie das älteste Planetarium der Welt. Sie läuft – abgesehen von einer kurzen Unterbrechung im Ersten Weltkrieg – seit über 200 Jahren ohne Pause. Führungen durch astronomische Ausstellung und Planetarium auch auf deutsch.
※ **Stadhuis**, Raadhuisplein, ✆ 396070, ÖZ: nur n. V. Mo-Fr 13.30-17.30 Uhr. Renaissance-Rathaus aus dem 15. Jh. mit vornehmem Interieur im Ratssaal.
※ **Martenahuis**, Voorstraat 35. Professorenhaus mit Wohnturm aus 1498 und prächtigem Garten mit „stinzenflora" (zur Geschäftszeit geöffnet, s. VVV).
※ **Hervormde Martinikerk**, Breedeplaats 1, ✆ 392554, ÖZ: n. V. Mo-Sa 10.30-12.30 Uhr und 14-17 Uhr. Im schlichten Inneren der Pseudobasilika aus 1420 erinnern die vielen Professorengräber an die Blütezeit der Franeker Universität (16.-19. Jh.).
※ **Bogt fen Guné** heißt das **älteste Studentenwohnheim** der Niederlande, dessen Fassade einen doppelten Halsgiebel aufweist.
※ **Kanuverleih** (nl.: Kanoeverhuur) Zandberg, L. Homanstraat 4, ✆ 397038
📷 Ein echtes **Frysk Menu** wird Ihnen im Tulip Inn De Valk serviert.

Franeker gilt mit seinen kleinen, schiefen Häuschen innerhalb des Grachtengürtels als schönste der 11 friesischen Städte. Von einem der alten Teehäuser am Wall bietet sich ein schöner Blick und man kann das Flair der kleinen Stadt genießen. Vielleicht haben Sie auch Appetit auf ein traditionelles Frysk Menu. An der Universität, die von 1585 bis 1811 bestand, studierte unter anderem der französische Philosoph René Descartes.

Zurück zur Hauptroute kommen Sie entlang der N384 über **Dongjum** nach **Tzummarum**.

Die Hauptroute führt noch ca. 2,5 Kilometer am Meer entlang, dann rechts weg zu den Häusern von Haerdastate ➝ rechts auf die **Hoarnestreek** ➝ ⚠ nach etwa 2 Kilometern kommt von rechts der **Kapellewei**, geradeaus queren Sie danach den Kanal **Tzummarumer vaart** ➝ einige hundert Meter weiter, hinter den ersten Häusern von **Harkemastate**, zweigt die Waddenzeeroute nach rechts ab.

⚠ **Tipp:** Der niedrige Wegweiser rechts ist leicht zu übersehen!

Waddenzee
Kimstergat
17
18
16
95
Oosterbierumer
Minnertsgaaster
zuiderniedpolder
Tzummarum/
Tjummarum
Tjummarumer
Haerdastate
Hoarnestreek
Slachte
Oosterbierum
Eelsmastate
N 393
Klooster-Lidlum
Kolthofpolder
Bethaniehiem
Dijkvaart
Frausleane
Molen
„De Korenaar"
polder
Ried
Liauckamastate
miedpolder
Tzummervaart
Sexbierum
De Bjusse
Boer
Uitzichttoren
N 384
6,5
Pietersbierum
4,5
Frentsjerterdyk
9
Dongjumer
Elgersmastate
Roptazijl
Gr Waltta
Dongjum
Roptastate
Barradeel
Kleine Schalsumerpolder
Peins
Riedpolder
polder
Sexbierumervaart
Getswerdersyl
De Wylgepolle
Vijfdeeldijk
Riedpolder
Wijnaldum
Voorrijp
Schalsum
A 31
Boltastate
War
Arkens
Groote
Van Arkensmolen (1835)
Zweins
De Blijnse
Franeker/
Frentsjer
Herbaijum
Lankum
Schalsumerpolder
3
Werf
Midlum
Oud Sjaerdema
Noorderhoofd
Almenum
Haven
Kingmatille
Ungebuurt
Kiesterzijl
Salverd
Kie
Tieppenboer
Van Harinxmakanaal
Koningsbuurt
Lutjelollum
Miedumerpijpje
Harlingen
Polder Hitzum
Miedum
De Stenen Man
Gratemastathe
Polder
Aaumervaart
Zuidpolder
't Heeg
Pollen
Sopsum
Welgelegen
Hitzum
Doijum
Ludinga
Wielsryp/
Welsrijp
eland 1¾ h
8

Geradewegs auf **Tzummarum** mit seinem Kirchturm zu und bereits am Ortsrand links ab.

Die Elfstädtetour

Die berühmte „Elfstedentocht", ein Eislaufmarathon über mehr als 200 km, führt durch alle wichtigen Städte Frieslands: Leeuwarden, Dokkum, Franeker, Harlingen, Bolsward, Workum, Hindeloopen, Stavoren, Sloten, IJlst und Sneek. Nur selten sind die Winter kalt genug, um auf allen Kanälen, Grachten und Flüssen Frieslands vorschriftsmäßig eine geschlossene Eisdecke von mindestens 15 Zentimetern Dicke zu schaffen. Umso größer ist dann die Euphorie im ganzen Land, wenn sich die vielen Tausend Eisschnellläufer auf den Weg machen – hundertausende Zuschauer machen die Elfstedentocht zu einem der größten Volksfeste der Niederlande.

Tipp: Geradeaus können Sie auch durch Tzummarum und weiter auf dem Radweg entlang der N384 über Dongjum nach Franeker radeln.

Tzummarum / Tjummarum

Hinter den letzten Häusern knickt die kleine Straße nach links Richtung Norden ab ⤳ wenig später vor den Bauernhöfen folgt wieder ein Rechtsbogen ⤳ jetzt am **Hearewei** vorbei am alten Turm in **Firdgum** ⤳ gleich darauf links und wieder Richtung Meer ⤳ nach gut 1,5 Kilometer rechts, dann dem Deich folgen (rechts sieht man den Windpark im **Groote Noorderpolder**) ⤳ über die schmale Vorfahrtsstraße **Lange Dyk** ⤳ gut einen Kilometer darauf links auf die **Kromme leane** ⤳ hinter den Häusern auf diesem Asphaltweg nach links vom alten Deich weg ⤳ genau Richtung Norden nach einem guten Kilometer an den **Westerweg** ⤳ hier rechts und zur Kirche von Sint Jacobiparochie.

Sint Jacobiparochie

Die völlig untypische **Groate Kerk** (1849 von Thomas Romein erbaut) beherbergt heute ein Kulturzentrum.

Am **St. Jacobspoort** (von Henk Rusman) gegenüber der Kirche beginnt der Jacobsweg nach Santiago de Compostela.

Für's **Kooitsytipelen**, einen typisch Bildt'schen Sport, finden Sie hier ein spezielles Feld; ☎ 0518/401006.

Sint Annaparochie

Vorwahl: 0518

VVV-agentschap St. Annaparochie, van Harenstraat 60, ☎ 402633

Hervormde Van Harenskerk (1682), ☎ 401161 od. 401854 (für Führungen), ÖZ: Mai–Sept., Fr 14-17 Uhr, Sa 10-12 Uhr und 14-16 Uhr. Die achteckige Kirche ist von außen schlicht, aber innen reich ausgestattet. In ihrem Vorgänger heiratete Rembrandt van Rijn 1634 seine erste Frau Saskia van Uylenburgh, was außen ein Denkmal von Suze Berkhout bezeugt.

Subtropisches Schwimmbad und Freibad „**De Skelp**", Hartman Sannesstraat 9, ☎ 401270

Vrouwenparochie

Geburtshaus von Waling Dijkstra (17. Jh.)

Korenmolen, ☎ 0582541607, ÖZ: Sa 9-12 Uhr u. n. V.

Von Sint Jacobiparochie nach Holwerd   34,5 km

Hinter dem Kirchturm dem kleinen Pfeil folgend links ab in die **Georg von Saksenstraat** ⤳ an der T-Kreuzung am Ende links auf die **van Wijngaardestraat** ⤳ den Schildern

Waddenzee
Vlakte van Oosterbierum
18
19
17
97
Polder de Koning
Het Oud Bildt
Polder Saxenoord
Westhoek
Zuidwesterpolder
Sint Jacobiparochie
Sint Annaparochie
Polder Altoenae
Uijlenburgh
Polder Zuidhoek
Sint Annaparochie
Zuidoosterpolder
Het Bildt
Valburg
De Valburg
De Vogel
Polder
Slikken of Voorgroden
Groot Lammema
Koehool
Groote Noorderpolder
Harkemastate
Firdgum
Toren
Minnertsga
Wier
Bureweide
Alde Fenne
het Zuiden
Polder
de Twee Wegen
Hemmemabuurt
Berlikum
Toerenburg
Beetgum
Oosterbierumer
Haerdastate
Minnertsgaaster
zuidermiedpolder
Tzummarum/
Tjummarum
Berlikumerpolder
Oosterbierum
Eelsmastate
Klooster-Lidlum
Kolthofpolder
Tjummarumer
Bethaniëhiem
Zongvliet
Meerswal
De Kievit
Polder
Hoge Wier
de Drie Dorpen
Molen
„De Korenaar"
polder
miedpolder
Ried
Kloosterpolder
Menaldumadeel
Liauckamastate
Sexbierum
De Bjusse
Boer
Uitzichttoren
De Kasteeltjes
Slappeterp
Menaldum
Pietersbierum
Barradeel
Elgersmastate
7,5
7,5
6
6,5
8
N 393
N 384
N 383
Spitsroeden
Oude Bildtdijk
Middelweg
Middelweg-Oost
Westerweg
Krumme Leane
Zuiderweg
Lange Dyk
Heerewei
Hoge Dyk
Luinsterweg
Haitsmaleane
Hoarnestreek
Slachte
Frousleane
Frentsjerterdyk
Dijkvaart
Miedskanteane
Zummarumervaart
Berlikumerwiel
Kleine Blikvaart
Blikvaart
Zuidhoekstervaart
Oude Meer
Modderaat
Ried

folgend im Rechtsbogen zu einer Abzweigung, hier links an der querenden Straße **Oude Bildtdijk** rechts ab und durch die Ausläufer des gleichnamigen, langgestreckten Dorfes.

Oude Bildtdijk
Vorwahl: 0518

- Museum van oude stoommachines, Oudebildtdijk 894, ✆ 492949, ÖZ: n. V. Zu sehen sind alte Dampfmaschinen.
- Denkmal „De Slikwerker" am Fuß des Waddenzeedijk, beim Gasthaus Zwarte Haan.

Vorbei an einem Gasthof nach knapp 2 Kilometern die **Uitwatering Koude Vaart** queren direkt dahinter links ab in den Weg ´t **Kaatsgat**, der als Radweg am Kanal entlang zum neuen Deich **Nieuwe Bildtdijk** hinüber führt.

Rechts und am historischen Gasthaus **Zwarte Haan** vorbei gut 4 Kilometer oben auf dem **Nieuwe Bildtdijk** durch das gleichnamige Dorf.

Sint Jacobieparochie

Nieuwe Bildtdijk
Bei den Häusern von Nieuwe Bildtdijk rechts in das **Rodehuiswegje** am querenden **Oude Bildtdijk** links dieser Straße bis nach Oude Bidtzijl folgen.

Oude Bildtzijl
Vor der Kirche links und zunächst am Kanal De Rijd entlang geradeaus durch **Nieuwe Bildtzijl** bis zum **Zeedijk** davor rechts und nach gut 2 Kilometern dem Linksknick folgen immer unterhalb des markanten Zeedijk bleiben, erst nach der Höhe von Marrum, hinter einigen Gebäuden an der Laterne rechts den Knicken der **Molenlaan** bis **Ferwerd** hinüber nachfahren über die Hauptstraße geradeaus hinweg halblinks halten und ins Ortszentrum mit Turm hinein.

Ferwert / Ferwerd
Vorwahl: 0518

- Die **spätgotische Kirche** mit schwerem rot-gelb gemauerten Turm (Anfang 16. Jh.) liegt auf einer größtenteils abgegrabenen Warft. ÖZ: i. d. R. Juli-Aug., Sa mittags, ansonsten Schlüssel holen: Gerbrandastrjitte 8, ✆ 412469.
- Poldermolens (Klostermühle aus dem Jahre 1846)

Vor dem Café ´t Hoekje rechts ab den Autowegweisern Richtung Hegebeintum und Genum folgen (**Hegebeintumerdyk**) nun zusammen mit der Elfstedenroute den Ort verlassen an der Vorfahrtsstraße geradeaus den Kanal Ferwerdervaart queren direkt dahinter links ab auf das erhöht liegende Warftdorf **Hegebeintum** zu (**Mr. Boeleswei**) unterhalb der Warft kurz linksherum (Sackgasse **Underom**) und dann rechts hoch den Fuß- und Radweg **Hege Tsjerkewei** an der Kirche vorbei.

Hegebeintum / Hogebeintum
Vorwahl: 0518

- VVV-agentschap Hegebeintum, Pypkedyk 4, ✆ 411783
- Informatiecentrum kerkje Hegebeintum (Informationszentrum am Kirchlein), beim VVV, ÖZ: Di-Sa 10-17 Uhr, So 12-17 Uhr, Nov.-März, Führungen: nur n. V. Die Geschichte dieser höchsten Warft (fries.: terp) des Landes (8,80m üNN) und des Kirchleins (12. Jh.), Führungen stündl. bis einschl. 16 Uhr.

Von der Kirche geradewegs den **Getsjerke-**

98

Waddenzee
Friesche Wad
Abt
Landaanwinning
De Bildtpollen
Reservaat it Fryske Gea
Ferwerderadeels buitendijkspolder
19
Ferwerderadeel
Oostér dobbe
Polder
Bokkelpollen
Polder
Oude Dobbe
De Rijd
Noorderleegs
Wester Dobbe
buitenveld
Polder
Bokkelpollen
en de Keegen
Westernijtsjerk
De Kleilandsmolen
Marrum
Zeedijk
Noorderleegpolder
20
Bangastate
Groote Gat
Waddenhoeve
Poldijk
Polder Oude Bildtpollen
Nieuwe Bildtzijl
Oase
Zwarte Haan
Nieuwe Bildtdijk
7,5
Vijfhuizen
8
Oostpolder
Oude Bildtzijl
Roodsgurtsterlaan
Hallumerhoek
Heekstermolen
Hallum
Nieuwe Bildtdijkstervaart
De Noordster
Polder de Noordster
Het Nieuw Bildt
Kiekhûs
Strandhuis
Polder
het Noorden
Nij Altoenae
Oude Bildtdijk
Kapershoek
Vijfhuizen
N 357
Doelhof
Koevaart
Zuidermieden
Spitsroeden
Oude-Bildtdijkstervaart
Polder
Altoenae
Hijumervaart
De Loane
Hijum
Balkendster-en
lostpolder
Oude Leije
Oude Rij
Memert
Het Bildt
6
Oude Bildtdijk
Uijlenburgh
Het Oud Bildt
Sint Annaparochie
Vrouwenparochie
Poelhuzen
Middelweg-Oost
Finkum
99
Finkumervaart
Polder Saxenoord
Sint Jacobiparochie
N 393
18
Middelweg
Westerweg
7
Slagdijkster
Witte Weg
polder
Swaardertern
Polder Zuidhoek
Wurge
De Horne
Wurge

weg hinunter ~ geradeaus verlassen Sie den winzigen Ort auf dem **Pypkedyk** ~ an der Gabelung links halten auf den **Vogelsangsterweg** ~ auch vor dem Gut **Harstastate** links ~ **Blija/Blije** bereits im Blick, im sanften Linksbogen bis kurz vor die Hauptstraße ~ hier rechts auf die Straße **Boate Buorren** ~ dann auf der **Voorstraat** in den Ort hinein ~ am Ende an der Kirche kurz links auf die **Hoofdstraat** Richtung Holwerd und Dokkum.

Blija / Blije
Vorwahl: 0519

⛪ In der Kirche finden sich sehenswerte Grabsteine, Schlüssel in der Hoofdstraat 36, ✆ 562050.

Direkt wieder rechts in den kleinen, gepflasterten **Farrewei** ~ wo rechts ein Schild zum Sportplatz weist, links ab in den **Zwarteweg** aus dem Ort hinaus ~ an der T-Kreuzung rechts und direkt wieder links ab in den **Horneweg** ~ etwa 3 Kilometer von Blija entfernt (via De Hoarnen und Medwert) stoßen Sie auf den **Medwerter wei**.

Tipp: Nach rechts führt die LF-Route 3a, die Riedlandroute ins gut 10 Kilometer entfernte Städtchen Dokkum.

Hogebeintum/Hegebeintum

Ausflug nach Dokkum — 10 km

Am Kanal Holwerdervaart entlang Richtung Südost der Wegweisung der Riedlandroute und der LF 3a folgen ~ auf dem **Miedwei** im Rechtsbogen auf die Warft Lichtaard zu.

Lichtaard

Am Rand des kleinen Ortes links ab auf die mäßig befahrene Hauptstraße ~ nach etwa 2 Kilometern an der sehenswerten Warft **Raard** vorbei ~ dahinter halblinks auf den Radweg entlang der größeren Straße **De Tange** und bis zur N356 vor ~ hier rechts ab und auf der alten Straße bequem und verkehrsarm nach Dokkum (2 km).

Dokkum
Vorwahl: 0519

ℹ️ **VVV/ANWB Dokkum – Lauwersland**, Op de Fetze 13 (Postbus 195), 9100 AD Dokkum, ✆ 293800.

🏛️ **Streekmuseum Het Admiraliteitshuis**, Diepswal 27, ✆ 293134, ÖZ: April-Sept., Di-Sa 10-17 Uhr, Okt.-März, Di-Sa 14-17 Uhr. Im Renaissancehaus (1618) der ehemaligen friesischen Admiräle finden Sie heute eine Sammlung von Schmuck, friesischen Trachten, Spielzeug und alten Molkereigeräten. Führungen auch auf deutsch und friesisch.

🏛️ **Natuurmuseum**, Kleine Oosterstraat 12, ✆ 297318, ÖZ: Mo-Fr 10-12 Uhr und 13-17 Uhr, in der Sommersaison auch Sa, 10-14 16.30 Uhr.

✻ **Stadhuis**, De Zijl, ✆ 298888, ÖZ: Mo-Fr 9-12 Uhr und 14-16 Uhr. Sehenswert im Rathaus aus dem 16. Jh. ist vor allem der Rokoko-Ratssaal, der erst im 18. Jh. so prunkvoll vollendet wurde.

⛪ **Grote oder St. Martinuskerk**, Markt, ÖZ: Juli, Aug., Mi 14-17 Uhr. Während der Saison finden in der gotischen Kirche freitags ab 19.30 Uhr Konzerte auf der berühmten Orgel (1688) statt. Ansonsten ist aber auch die Innenausstattung des zweischiffigen Gebäudes mit Chorgestühl, Kanzel (1751) und Grabsteinen sehenswert.

⛪ **St. Bonifatiuskerk**, Hoogstraat 25, ÖZ:Juni-Sept., Mo-So 14-17 Uhr. Neben den Reliquien des „Stadtheiligen" enthält die Schatzkammer manche wertvollen Gemälde und Silberwaren.

Waddenzee
Ameland
Friesche Wad
Landaanwinning
Holwerd
Dongeradeel
Ternaard
Hantumhuizen
romanogotische Kerk
Blija/Blije
Ferwerd/Ferwert
Hogebeintum/Hegebeintum
Harstastate
Terpkerk & Stinspoort
Waaxens
Brantgum
Terpkerk
Foudgum
Terpkerk (12. Jh.)
Aalsum
Dokkum
Lichtaard
Raard
Reitsum
Genum/Ginnum
Marrum
Westernijtsjerk
Ferwerderadeel
Vaardeburen/Farebuorren
De Rijp
Boate buorren
Feitsmastate
Hantum
Hantumerhoek
Hiaure
Bornwird
't Schoor
De Keegh
Hoogland
Visbuurt
Vijfhuizen
Teijeburen
Drieboerehuizen
Veerhuis
Kletterbuurt
De Hoop
Dijkslobbe
Gr. Medwert
Ypmazathe
Montzemastate
Hantumerleeg
Lutkelaard
Pybema
Rhooderterp
Jagtlust
Stapland
Hantumeruiburen
Rintjemastate
De Mieden
Het
Bornwirdhuizen
Betterwird
De Keegen
Osseweid
Zuiveringsinst.
Dokkumer Ee
Oosterbeintum
Groot Heskampen
De Mear
De Houwen
Utsjuch
Ongastate
Hogebeintumer mieden
Phenix
Fos Wert
Pongastate
Fennenmastate
Keimpe Wier
Marrumer mieden
Gr. Koohoof
Hjir ist
Alma
Kl. Baarda
Ijsbaan
LF 3
LF 3a
N 356
N 357
20
21
19
101

Dokkum

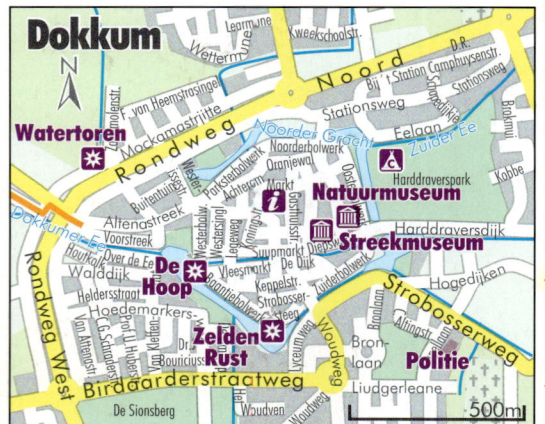

Der Bau aus dem Jahre 1871 ist einer der wenigen erhaltenen Kirchen des berühmten niederl. Baumeisters P. J. H. Cuypers, der auch das Amsterdamer Rijksmuseum entwarf.

- **Waage** (1752) mit Zeltdach samt Glockenstuhl.
- **Windmühlen De Hoop** und **Zelden Rust** (19. Jh.).
- **Dokkumer Kinderbauernhof** (Kinderboerderij) **Anna Zijlstrahoeve**, Parklaan, ✆ 297392, ÖZ: Mo-Fr 8.30-16.30 Uhr, Sa, So 14-17 Uhr.
- Subtropisches **Hallenbad Zwemparadijs Tolhuisbad**, Tolhuispark 2, ✆ 294364

Haisma Tweewielers, Woudweg 3, ✆ 292467

Die nördlichste Stadt der Niederlande geht auf den hier bis 754 missionierenden Benediktinermönch Bonifatius zurück. An sein Martyrium erinnert nicht nur seine Statue, sondern auch Kirche, Brunnen, Park und Wasserpumpe, die seinen Namen tragen. Heute zieht der malerische, sechseckige Altstadtkern auf den beiden Terpen viele Touristen an.

Die Hauptroute führt vor dem reetgedeckten Bauernhof links auf den **Medwerter wei** ↝ in Sichtweite des Ortes **Holwerd** rechts ab auf einen kleinen Radweg aus Muschelkalk ↝ über den Kanal **Holwerdervaart** hinüber, dahinter links auf die Windmühle zu und im Bogen in den Ort hinein ↝ von der **Mûlered** kommend, mit der LF-Route 3b an der Vorfahrtsstraße links abbiegen ↝ der Radweg an der Straße führt dann halbrechts ins Zentrum hinein (**Stasjonswei**) ↝ geradeaus und links herum am alten Brunnen vorbei (**Waling Dijkstra-astrjitte**) ↝ am Ende direkt wieder rechts auf die **Foarstrjitte** ↝ ein paar Meter weiter zweigt die Radroute geradeaus zur Kirche hinunter ab (**Hegebuorren**); die Hauptstraße knickt hier nach links (Westsüdwest) weg.

Holwerd
Vorwahl: 0519

- **VVV-folderservice Holwerd**, Leeuwaarderweg 5
- **Fähre nach Ameland**, ✆ 546111
- **Hervormde Kerk** (1776) mit schwerem (Spitz-)Turm aus dem 13. Jh., ✆ 562124, ÖZ: n. V.
- **Baptisten-Saalkirche** (1850), ✆ 561334
- **Mönchsmühle „De Hoop"**. Lehrmühle, in der samstags gemahlen wird.

Von Holwerd nach Lauwersoog — 26,5 km

An der Vorfahrtsstraße **Fiskwei** kurz links und direkt wieder rechts auf den Radweg an der Straße Richtung Fährezum neuen Seedeich ↝ vor dem **Veerhuis/Dykhûske** rechts von der Straße ab.

Tipp: Von hier aus legen die Fähren nach Ameland ab.

Ameland
Vorwahl: 0519

- **VVV Ameland**, Burewei 2, ✆ 0519/546546.

Wierumerwad
Hoek van de Band
21
Lauwersmeer
22
20
103
Zeedijk
't Fiskerhûske
Modder-gat
Paesens
De 'hondt
Wierum
Nes
Polder de Bant
Banthûske
Omeastate
Sjoarda
Nieuwe Zeedijk
Oude Zeedijk
't Schoor
De Keegh
Hoogland
Vijfhuizen
Nesserweg
Wie
Lioessens
Foalsumsate
Bollastate
Oostmahorn
Ternaard
Rintjemastate
N 358
N 361
Bollingawier
Oosternijkerk
Abbewier/ Jewier
Anjum
De Eendracht
romanogotische Kerk
Hantumhuizen
Dongeradeel
Ydakemazathe
Morra
Eisingastate
De Mieden
Healwei
Roptastate
Welgelegen
Stiem
Het
Hantum
Stapland
Teard
Hantumerhoek
Niawier
Weerd
Hantumeruitburen
Metslawier
Zuider Ee
Ezumazijl
Rhooderterp
Reidswal
Grutte Tille
De Wite Brêge
Jagtlust
Lutkelaard
Jouswier
De Kolken
Wetsens
Ezumakeeg
Pybema
Hiaure
Dykshoarne
Grut Midhuzen
Terpkerk (12. Jh.)
Aalsum
Stinstrastate
Joosw ierpolder
Lyts Midhuzen
Ald Terp
Lauwersseewei
Vaarwater naar Oostmahorn
Bochtjes plaat
Raskes
Dijkstervaart
Lytsewei
Alddyk
Laage Schanzer Weg
Heanrewei
Lange Moersdyk
Moersloat
Morrastervaart
Nijkerkstervei
Paesens
Hochteweg
Wierumer Opvaart
Opvaart
Berchhuzenwei
Koudhornerwei
Bangaweg
Ternaarder vaart
Fetsewei
Hantumervaart
Dokkumerwei
Niawierster opvaart
Muizenriid
Esteropvaart
Hjellingswei
Kolkwei
Haitensteed
5
4,5
7
10

Nach der Schranke über 5 Kilometer auf dem Radweg unterhalb des **Nieuwe Zeedijks** entlang 〜 nach einem Rechtsbogen stößt dieser auf den **Oude Zeedijk** 〜 im Linksbogen nach **'t Schoor** hinein.

't Schoor

Immer unten am Deich entlang – die Straße führt etwas später nach rechts weg – die gut 3 Kilometer bis **Wierum**.

Gut 3,5 Kilometer südlich liegt Hantumhuizen:

Hantumhuizen

Vorwahl: 0519

- Eine der ältesten **romanogotischen Dorfkirchen** Fryslâns, erbaut Mitte des 12. Jhs. mit drei ausgemalten Kuppelgewölben, zu besichtigen n. V. unter ☎ 571477.

Wierum

- Der Satteldachturm der **Kirche** wird vom Seedeich fast eingeklemmt.
- Das **Denkmal** am Deich erinnert an die schweren Sturmfluten 1883 u. 1893.

Auch hinter diesem Ort führt die Radroute geradeaus unterhalb der Deichkrone autofrei weiter, während die Straße Richtung Nes abzweigt.

Holwerd: Hegebuorren

Moddergat / Paesens

Vorwahl: 0519

- **Museum 't Fiskershûske**, Fiskerspaad 4-8a, 9142 VN Moddergat, ☎ 589454, ÖZ: März-Okt., Mo-Sa 10-17 Uhr. Wie lebten die Küstenfischer um 1850? Permanente und wechselnde Ausstellungen in den fünf Fischerhäuschen (18. Jh.) des Museums beantworten die Frage.
- Restaurierte und betriebsfähige **Stellingmolen „De Hond"** (1861)
- Auch hier erinnert ein **Denkmal** am Deich an die schweren Sturmfluten im 19. Jh, bei denen insgesamt 120 Fischer ihr Leben ließen.

Hinter der Kirche von der Straße **De Oere** links, wo bereits der Nachbarort **Paesens** beginnt.

Am Ende wieder halblinks auf den Weg am Seedeich entlang 〜 ein paar hundert Meter später geradeaus den **Alddyk** entlang 〜 mit der nächsten Querstraße (**Dyksterwei**) links ab den alten Deich queren (Gatter) und dahinter rechts unterhalb gut 2 Kilometer daran entlang (**Alddyk**) 〜 vor der Unterführung der N361 links ab auf den parallel laufenden **Bantswei** Richtung Lauwersoog.

Anjum

Vorwahl: 0519

- VVV-agentschap Anjum, Mounebuorren 18, ☎ 321926
- **Dorfkirche** mit Tuffsteinturm (12. Jh.), spätgotischem „Sakramentenhäuschen" und „Hounegat" (17. Jh.), zu besichtigen n. V. unter ☎ 321339
- **Mönchsmühle „De Endracht"** (1889), ☎ 321926, ÖZ: Mo 13-17 Uhr, Di-Sa 10-17 Uhr. Hier ist eine ständige Muschel- und eine Mühlenausstellung eingerichtet.
- Auffangzentrum für kranke Vögel **„Fûgelpits Lauwersmar"**, ☎ 321591, ÖZ: Mo-So 10-12 Uhr und 14-16.30 Uhr.

Nach etwa 3 Kilometern mündet dieser am äußeren Deich auf die Nationalstraße (**H. M. Gerbrandyweg**) und geht als Radweg daran entlang weiter 〜 rechts der Blick über die ehemalige Lauwerszee, die nun als Lauwersmeer

Blick vom Zeedijk aufs Wierumerwad

von der Waddenzee abgetrennt liegt ~ weitere 2,5 Kilometer später sind die **Lauwerssluizen** erreicht.

Tipp: Vom neuen Hafen außendeichs (Café) startet der Fährdienst nach Schiermonnigkoog.

Schiermonnikoog

- VVV Schiermonnikoog, Reeweg 5 (Postbus 13), 9166 ZP Schiermonnikoog, ✆ 0519/531233

Gut einen Kilometer später zweigt die Route nach rechts Richtung Lauwersmeer ab.

Lauwersoog
Vorwahl: 0519

- Fähre nach Schiermonnikoog, ✆ 546111
- Imposant ist der Komplex der **Uitwateringssluizen**, die dafür sorgen, dass bei Ebbe überschüssiges Wasser aus den drei nördlichen Provinzen in die Nordsee abfließt.
- Jeden Freitag **Versteigerung** des lebenden Fangs **im Fischerhafen**, ✆ 349150.
- Einzigartige **Übernachtungsquartiere** in herrschaftlichen Prunkzimmern (**Pronkkamers**) in idyllischen Dörfern am gesamten friesischen und Groninger Wattenmeer vermittelt hier die Organisation „De Pronkkamer", ✆ 349473.
- **Kanoverhuur De Lauwer** (Kanuvermietung), Noordergat 8, ✆ 349000.

Von Lauwersoog nach Pieterburen 25,5 km

Weiter dem Radweg am Campingplatz vorbei folgen ~ im weiten Bogen immer zwischen dem **Nieuwe Robbengat** und der Straße ~ noch vor der N361 rechts halten und ein Stück parallel daran entlang.

Tipp: Im miltärischen Übungsgebiet Maarnewaard finden öfter Manöver statt, außerdem ist der Weg nur mit Muschelkalk befestigt und durch die Militärfahrzeuge stark in Mitleidenschaft gezogen. Wir empfehlen daher, entlang der der Straße weiterzufahren, trotzdem im Folgenden eine Beschreibung der Alternative durch den Maarneward:

Außenhafen an den Lauwerssluizen

Bei **De Rug** der LF-Route 10a folgend links ab Richtung Zoutkamp und die Vorfahrtsstraße überqueren ~ vor dem Schlagbaum wieder links auf dem Radweg ein paar Meter zurück ~ mit dem Radweg nach rechts in den **Marnebos** hinein ~ am **Wegepilz Nr. 24719** geradeaus Richtung Ulrum ~ kaum einen Kilometer weiter vor dem **Pilz Nr. 24720** am Rastplatz rechts ab ~ fast 5 Kilometer in dieser Richtung weiter ~ geradeaus durch den schmalen **Vierhuizerbos** ~ wenig später mit einer kleinen Treppe über den alten Deich (Rastplatz) ~ in einer Rechts-Links-Kombination münden Sie etwa geradeaus auf einen Asphaltweg rechts der alten

105

Das Lauwersmeer

Straße mit diesem einer Rechtskurve nach und die N361 geradewegs überqueren. Hier münden Sie auch wieder in die Hauptroute ein. Richtung **Vierhuizen** überqueren.

Auf der LF-Route 14 geradeaus parallel der Straße weiter hinter der weiten Linkskurve am **Vlinderbalg** halten Sie sich weiter geradeaus auf dem Radweg, während die LF 14 rechts ab nach **Zoutkamp** geht.

Zoutkamp
Vorwahl: 0595

- VVV Lauwersland – Zoutkamp, Reitdiepskade 11, ✆ 401957.
- Rijwiel- en Bromfietsmuseum (Fahrrad- und Mopedmuseum), Schoolstraat 2a, ÖZ: Mo 13-17.30 Uhr, Di-Sa 10-17.30 Uhr.
- **Visserijmuseum**, beim VVV, ✆ 401320, ÖZ: Mai-Okt., Mo-Fr 10-17 Uhr, Sa 10-16 Uhr; in der Hochsaison auch So 13-15.30 Uhr. Das Museum zeigt alles rund um die Garnelen- und Muschelfischerei auf dem Watt.
- **Palingrokerij Postma** (Aalräucherei), Reitdiepskade 21a, ✆ 402177.
- **Kanoverhuur** (Kanuvermietung), De Rousant, Nittersweg 8, Zoutkamp-Lauwerzijl, ✆ 402500 o. 402033
- **Kanoverhuur** (Kanuvermietung), 't Ol Gat, Stationsstr., ✆ 401926.
- **Zijlstra's warenhuis**, Churchillweg 26, ✆ 401374.

Noch ein Stück auf dem Radweg entlang der N388 kurz nach der Kreuzung des alten Deiches rechts nach **Vierhuizen** abbiegen durch den **Oude Zeedijk** in den Ort hinein.

Vierhuizen
Vorwahl: 0595

- Windmühle „De Onderneming", Hoofdstraat 25, ✆ 402406, ÖZ: Sa 9-12 Uhr.

Auf der **Hoofdstraat** geradewegs durch den Ort über die Vorfahrtsstraße ⚠ in den **Menneweersterweg** an der T-Kreuzung kurz vor Ulrum links Richtung Hornhuizen.

Ulrum

Im mittelalterlichen Stil angelegt und „eingerichtet" ist der **Asingapark** auf dem Gelände der früheren Asingaborg.

- **Kanoverhuur** (Kanuvermietung) De Watergeuzen p/a meur. Steigstra, Trekweg 17, ✆ 402770.

Die vorfahrtberechtigte N361 erneut überqueren und mit dem **Noorderweg** (später **Ommelanderweg**) gerade weiter bei den Häusern von **Onrust**, noch vor dem Deich, knickt dieser rechtwinklig nach rechts ab immer auf der inneren Seite vor dem **Oude Zeedijk** bleiben und dem kurvigen Verlauf des **Ommelanderwegs** bis **Hornhuizen** folgen.

Hornhuizen

Hier vor der Kirche links ab auf dem **Dijksterweg** auf den Deich zu und davor rechts halten nun etwa 4 Kilometer Richtung Osten durch die Streusiedlung **Kleine Huisjes**.

Kloosterburen
Vorwahl: 0595

- **Oldtimermuseum De Ronkel**, Hoofdstraat 46, ✆ 481011 o. 050/3011062, ÖZ: Mai-Sept., So 13-17 Uhr.
- **Abdij Oldenklooster**. Seinen Namen und Ursprung sowie die immer noch verbreitete Konfession verdankt das Dorf dem Ende des 12. Jhs. Johannes dem Evangelisten geweihten Kloster – es wurde allerdings bereits 1579 verwüstet.

Waddenzee
Oort
Schiermonnikoog
Vierhuizergat
Lutjewad
22
7
uwerssluizen
Zuidwalbos
Robbenoort
Lauwersoog
wersmeer
21
Nieuwe Robbengat
3
Marnewaard
(Millitair Oefenterrein)
Kwelbos
De Kwelder
Negenboerenpolder
Feddemaheerd
Oud Bokum
Julianapolder
23
Zevenboerenpolder
8
Kleine Huisjes
Waddenhorn
Marnebos
Vierhuizerbos
De Rug
Achter de Zwarten
Ballastplaat
Observatietoren
Zuidelijke Lob
6
Westpolder
Hornhuisterpolder
Kadijk
Kruisweg
Westerklooster
Molenrij
Hornhuizen
Kloosterburen
5,5
Uilnest
Uilenestermaar
Fletum
Vierhuister
Westpolder
polder
Bromo
Onrust
Kolham
Breedwaalsterweg
Oude Provinciale Dijk (Oude Zeedijk)
Ommelanderweg
Kolhamsterweg
Zwintocht
Grijssloot
Oude Robbengat
N 361
Vlinderbalgbos
Torum
Hoorngevaart
Breekweg
Markelhuizen
Zuidelijke
Ballastplaat
Vlinderbalg
Warkemaheert
Ir AJ van den Brierweg
Klei
De Houw
De Ondernemng (1858)
De Hucht
Lauwersmeer
Pampusplaat
Willerd Lodewijk van Nassaukazerne
2,5
Menneweer
Westerhouw
Vierhuizen
Ulrum
Leens
Slenk
De Haar
Besem
Midhalm
Stort
Scheltemaheerd
LF14
N 388
LF14a
Hunsingokanaal
Leersteril
Jaap Deensgat
Douwen
Sennerplaat
Simonsgat
Blik plaat
Schildhoek
Panser polder
Panser
Zuidemaklap
Vossenburg
107
Zoutkamperril
Menkemaheert
Houwerzijlstervaart
Wispelheem
Zwaluwerdcht
Kattenburg
Kollumerwaard
Zoutkamp
Niekerk
N

🕇 **Die röm.-kath. Kirche** errichtete 1869 der berühmte Architekt P. J. H. Cuypers.

🌿 **De Cloostertuin**, Hoofdstraat 34, ✆ 481460 o. 481862, ÖZ: tägl. Im Klostergarten befindet sich eine permanente Ausstellung von über 1.500 Zwiebel- und Knollengewächsen.

Hier, in einem der wenigen katholischen Dörfer der Region, wird jährlich am 7. Sonntag vor Ostern der nördlichste Karneval gefeiert. Wie schon zu Beginn des Nordseeküsten-Radwegs mehrfach erlebt, so ist auch **Kloosterburen ein Zentrum der Blumenzwiebelzucht**.

In **Broek** (Rastplatz), noch vor Querung des **Broekstermaar**, links ab auf den **Wierhuisterweg** ⌇ nach knapp einem Kilometer der Straße im Rechtsknick folgen (**Wierhuizen**, Rastplatz) und gerade weiter nach **Pieterburen**.

Pieterburen
Vorwahl: 0595

ℹ **VVV Pieterburen**, Hoofdstraat 83, ✆ 528522.

🏛 **Waddencentrum**, beim VVV, ÖZ: April-Nov., Di-So 13-17 Uhr, Nov.-März, Sa, So 13-17 Uhr. Interaktive Ausstellung über das Leben im Watt und über das Wattwandern.

🏛 **Koffie- en Winkelmuseum**, Hoofdstraat 101, ✆ 528641, ÖZ: Mitte April-Mitte Okt., Mo-So 9-17 Uhr. Das „Kaffee- und Geschäftsmuseum" beinhaltet eine umfassende Sammlung alter Haushaltsgeräte, gut 1.500 Dosen u. v. m.

✳ **Windmühle „De Vier Winden"** (1846), Hoofdstraat 152, ✆ 441389, ÖZ: Aug.-Juni, So 10-12.30 Uhr.

♻ **Domies Toen Botanische Tuin Groningen**, Hoofdstraat 76, ✆ 528636, ÖZ: Mo-So. Botanischer Garten mit Teehaus (nl.: theeschenkerij) ÖZ: April-Okt., Di-So 11-17 Uhr.

✳ **Zeehondencrèche Lenie 't Hart** (Seehundauffangstation), Hoofdstraat 94a, ✆ 526526, ÖZ: Mo-So 9-18 Uhr.

🏊 **Overdekt Zwembad** (Hallenbad u. Sauna), Hoofdstraat 86, ✆ 528244.

Von Pieterburen nach Uithuizen 20,5 km

Tipp: Wer sich die schmalen, nicht anhängertauglichen Pfade ersparen möchte, kann auch einfach auf der Hoofdstraat bleiben und der normalen Autowegweisung nach Westernieland folgen.

Von der **Hoofdstraat** biegt die Waddenzeeroute LF 10a hinter der Kirche nach links ab in den **Frederiksoordweg** ⌇ bei Hausnr. 9 direkt wieder rechts in die kleine Gasse **Wilgepad** und dieser im Linksknick folgen ⌇ im nächsten Linksknick nach etwa 200 Metern geradeaus auf den **Sandweg** parallel des Betonwegs ⌇ noch vor den Höfen **Oudedijk** rechts ab auf den schmalen Pfad ⌇ über ein äußerst schmales Brückchen (nicht für Anhänger geeignet!) ⌇ an der T-Kreuzung kurz links und direkt wieder rechts, vor den Höfen bleibend ⌇ den Wegepilzen Richtung Westernieland auf dem selbstständig geführten Radweg winklig hinter den Höfen von **Oudedijk** folgen ⌇ schließlich stoßen Sie nach rechts auf den **Kaakhornsterweg** ⌇ hinüber in den Weiler **Kaakhorn**.

Kaakhorn

Am Ende rechts und direkt wieder links in die Sackgasse **Kaakhornsterpad** ⌇ der in Folge geschotterte Radweg bringt Sie im

Hornhuizen

108

Pieterburenwad
Noordpolder
Linthorst-Homanpolder
Allard Kwastweg
De Slikken
Arion
Zeeborg
Gr. Zeewijk
Zeeburgh
Zeeburghtil
Salome
Noorderdijk
Noordpolderzijl
't Klooster
Buitenbosch
Westerheert
Noorderwijk
Noordpolderkanaal
Middendijk
Schipsloot
Uiterdijksche Landen
Molen Eva (1891)
Wadwerd
Usquert
Klooster Wijwerd
Oostervalge
Oosterambt
Ouderdijk
Warffum
Westervalge
Breedenburg
Breede
Warffumerklooster
Dorenbosch
Westerhorn
Helwerd
Hogeweg
Bethlehem
Rottum
Usquerdermaar
Frankemaheerd
Westerstee
Koksmaar
Knolweg
Het Noorden
Bieuwketil
Hammelandsterweg
Zuiderhorn
Stitswerderwold polder
Stitswerd
Kantens
109
Bijlven
Eendragt
Kievest
Oude Weer
Rasquerdermaar
Rasquert
Baflo
Westermer
Saaxumhuisterlocht
Andelstermaar
Saaxumhuizen
Bewsemaheem
Den Andel
Oude Dijk
Molen De Jonge Hindrik
Noordpolderweg
Oude Riet
Westernieland
Kaakhorn
Oudedijk
Molen De Vier Winden (1846)
Pieterburen
Hoofdstraat
Zijlbrugge
Christerheerdt
Westerholm
Oosterweg
Steentil
Deikum
Wierhuizen
Wierhuisterweg
Oude Dijksterweg
Broek
Feddemaheerd
Oud Bokum
erenpolder
e Huisje
Molenrij
IJsbaan
Broekstermaar
Oldenhuis
Pieterburstermaar
De Luit
Hornhuistertil
Nijenklooster
Den Oever
Molen De Lelie
Molenweg
Vostil
Eenrumerstreek
Berum
Eenrum
Arboretum
Ernstheem
Hoornse Vaart
Wehe-den Hoorn
N 363
4,5
7,5
8
22
23
24

Rechtsbogen zur Hauptstraße von **Wester-nieland**.

Westernieland

Hier nach links und auf der **Dirk Wieringa-straat** aus dem Ort hinaus ~ am Wegweiser links nach Den Andel (**Oude Dijk**).

Den Andel
Vorwahl: 0595

- Die Windmühle „De Jonge Hendrik" (1857) ist die einzige noch in Betrieb befindliche Korn- und „Grützschäl"-Mühle.
- Die kleine alte **Nederl. Hervormde Kerk** (1325) fällt durch ihren frei stehenden Turm (erste Hälfte des 13. Jh.) auf. Für Besichtigungen: ☎ 491351.

Auf der Straße **Oude Dijk** geradewegs durchs Dorf und die nächsten gut 3 Kilometer nach **Warffum** ~ am Ortsrand nach einer S-Kurve die Vorfahrtsstraße (N363) geradeaus queren ~ dem Straßenverlauf der **Wester-valge** im Linksbogen und weiter geradeaus der **Noorderstraat** bis zum Ende folgen.

Warffum
Vorwahl: 0595

- **VVV Warffum**, Schoolstraat 4, 9989 AG Warffum, ☎ 425245.
- Openluchtmuseum Het Hoogeland, Schoolstraat 2,

☎ 422233, ÖZ: April-Okt., Di-Sa 10-17 Uhr, So 13-17 Uhr. Freilichtmuseum aller typischen, hiesigen Dorfhäuser samt Interieur.

- Die **Kirche** (14. Jh.), ☎ 423890 od. 425245, steht auf dem höchsten Punkt der Warft. Ihr Turm (1638) besitzt eine ungewöhnliche Windfahne in Form eines Pferdes. Innen ist die als schönste der nördlichen Niederlande bezeichnete Freitag-Orgel zu besichtigen.
- Obwohl im Durchschnitt alle hundert Jahre umgebaut und modernisiert, ist die **Pastorei** (Pastorieweg 24) das älteste Haus der Provinz Groningen (erbaut um 1300).
- **Zuiderhorn**, Onderendamsterweg 2, ☎ 423243 (auch Kanuvermietung)
- **Restaurant Spoorzicht**, Havenstraat 1, ☎ 422460

Links ab auf die **Oosterstraat** ~ erneut über die N363 geradeaus in die **Weth. G. Reindersstraat** ~ am Ortsende geht diese in den **Noordpolderweg** über, der für Radler gesperrt ist – nutzen Sie also den linksseitigen Radweg parallel.

Hinter dem **Middendijk** rechts ab und für rund 5,5 Kilometer in sanften Kurven immer zwischen Noordpolderkanaal und dem Deich entlang.

Tipp: Etwa auf halber Strecke bietet sich rechts über den Zijlsterweg ein Abstecher nach Usquert an.

Usquert
Vorwahl: 0595

- **Windmühle Eva** (1891), Raadhuisstraat 19, Besichtigung mit dhr. W. Huizinga, ☎ 424795 o. 437555

Knapp 100 Meter, bevor der Deich nach links wegknickt, rechts ab ~ mit dem **Oostelijke Polderopweg** den alten Middendijk queren und geradewegs 2 Kilometer bis an die Vorfahrtsstraße ~ hier an der T-Kreuzung nach links auf den **Streeksterweg**, der Sie in den nächsten Ort bringt.

24
23
25
Borkum
Doekegat-kanaal
Crossbaan
Julianahaven
Eemshaven
Wilhelminahaven
Emmapolder
Eemspolder
Aardgasstation
Eemspolderdijk
De Zeemeeuw
Noorderdijk
Lauwerpolder
School
Emmaweg
Valom
Noordstar
Westerstede
Ooistmolen
Goliath
Uithuizerpolderdijk
Binnenbermsloot
Dwarsweg
Kwelderlust
Middendijk
Heuvelderij
Ternate
Kl. Papenkop
Uithuizerpolder
Almaheerd
Lauwersdijk
Eemsweg
Menkeersweg
Koningsoord
Oostpolder
N 46
Oudeschip
Altenaheerd
Noordpool
Buitenbosch
Westerheerd
7,5
Middendijk
Oostelijke Polderweg
Ottoma
Hefswal
Herzfeld
Greedeweg
Landlust
Bosma
Nooitgedacht
Roodeschool
Oude Dijk
Oude Dijksterweg
Edama
Rensumaborg
Uithuizermeeden
Stenhuisheerd
Hooilandseweg
Oosteinde
Eemshoeve
Katershorn
't Lage van de weg
De Streek
N 363
Groote Tjariet
Kleine Tjariet
Tjarietstee
Dekkershuizen
N 33
Tweehuizen
Lage Trijnweg
Molen Eva (1891)
Uithuizen
Menkemaborg
Ungersma
Nieharkemaheerd
Blykeheerd
4
Oosternieland
Kolholsterweg
Nij Colhol
Oldörp
Usquert
Nijenhuis
Hogeweg
Holwinde
Barmerhaard
Moeshorn
Batten
Groote Ark
Zijldijk
Kolkweg
Kolhol
Hooiweg
Barnjehoeve
Molen Ceres
Doodstil
Paapstil
Uithuizermeedstermaar
Oldenzijl
Kooiplaats
Helwerdermaar
Langenhuis
Windlust (1818)
Dijkumerweg
Oosternieuwlandsterweg
't Zandstervoorwerk
6
Oude Dijk
Korenhoop
Spijk
4,5
Doodstilsterweg
Elswerd
Boterdiep
De Knijp
Zandeweer
Zevenhuizen
Eppenhuizen
Honderd
Aardgaswinning
Rottum

't Lage van de Weg

Geradeaus hindurch hinüber nach **Uithuizen** ⮕ nach der sanften Rechtskurve gerade über den Kreisverkehr hinweg und über die Bahnlinieauf der **J. F. Kennedylaan** ⮕ die erste Straße links ab Richtung Zentrum (**Geraldadrift**) ⮕ an der nächsten Kreuzung halbrechts auf die **Hoofdstraat west** ⮕ etwa 600 Meter geradeaus, an der Kirche links vorbei (**Hoofdstraat oost**) ⮕ nach ungefähr 100 Metern knickt die Waddenzeeroute an der zweiten Kirche links auf die **Kerkstraat** ab.

Uithuizen
Vorwahl: 0595

- VVV Waddenkust Noord-Groningen, Mennonietenkerkstraat 13 (Postbus 48), 9980 AA Uithuizen, ✆ 434051
- Kantmuseum (Spitzenmuseum), Oude Dijk 7, ✆ 432223, ÖZ: nur n. tel. V.
- Menkemaborg, Menkemaweg 2, ✆ 431970, ÖZ: April-Sept., Mo-So 10-12 Uhr u. 13-17 Uhr, Okt.-März, Di-So 10-12 Uhr und 13-16 Uhr. Vollständig eingerichtete Wohnburg, ursprünglich aus dem 14. Jh. Ihre jetzige Form samt typischem Garten (orig. 1705)erhielt sie im 17./18. Jh.
- Windmühle De Liefde, Mennonietenkerkstraat 15, Besichtigung mit drh. Poppen, ✆ 434825.
- beheiztes Freibad, Dingeweg 4, ✆ 432110.
- Bike & Light, Schoolstraat 54, ✆ 433625.

Von Uithuizen nach Spijk 14 km

Von der **Kerkstraat** am Ende rechts auf die **Schoolstraat** und im Bogen weiter (**Borgstraat**) ⮕ in Folge rechts halten auf den **Borgweg** ⮕ am Schlosseingang am Ende links auf den Radweg am **Dingeweg** ⮕ an der nächsten Möglichkeit rechts und am Schloss entlang ⮕ gerade bis zum Wasserlauf **Uithuizermeedstermaar** ⮕ nach der Überquerung links entlang ⮕ bei den nächsten Häusern schwenkt die Route kurz nach rechts vom Wasser weg.

Paapstil

An der nächsten Möglichkeit wieder links ⮕ an einer Rechtsabzweigung vorbei ⮕ die nächsten beiden Kreuzungen nördlich von **Zijldijk** geradeaus übersetzen ⮕ nach einer markanten Rechtskurve über die Straße N46 ⮕ ca. 750 Meter darauf links in den **Kolhosterweg** ⮕ am Hoojweg vorbei und am nächsten Haus (**Nij Colhol**) rechts weg ⮕ jetzt einige Kilometer geradeaus bis zum **Oude Dijk** ⮕ links abbiegen und an den Häusern von Korenhop vorbei ⮕ an der großen Kreuzung die **Nationalstraße 33** geradeaus überqueren ⮕ bei nächster Gelegenheit rechts abbiegen ⮕ an der historischen Windmühle **Molen Ceres** vorbei ins Ortszentrum von Spijk.

25
24
26
Kolhol
Barnjehoeve
Molen Ceres
Nieuwstad
Hoogwatum
Engstelle!
Kl. Koppen
Laag Watum
Spijk
Korenhoop
Aardgaswinning
Bierum
Garbendeweer
Dijkhorn
Losdorp
Omtadaburgh
Godlinze
Makkeveld
Groote Nes
Uiteinde
Oldenklooster
Tolhuis
Kl. Wierum
't Zandt
Rengerdaheerd
Maarhuis
Holwierde
Nansum
Albertaheerd
't Noom
Lutjerijp
Gastoren
Krewerd
Aardgaswinning
Arwerd
Alidahoeve
Kinkhorn
Leermens
De Klip
Nijenklooster
Marsum
Uitwierde
Eenumerhoogte
Rieuwersveld
Wierhuizen
Oosterwijtwerd
School
Lippingeheerd
Jukwerd
Biessum
Batenburg
Terborg
Eekwerd
Tjamsweer
Appingedam
Solwerd
Wirdum
Recreatiepark
Ekenstein
Delfzijl
Farmsum
Kompaspaal
Haven
Aeolus
Zeehavenkanaal
Westerhoofd
Oosterhoofd
Chemische Fabriek
Hond
Paap
Bocht van Watum
Nederland
Deutschland
Ostfriesisches Gatje
Oost Friesche Gaatje
Gaatjebocht
Rysumer Nacken
Dollartfähre nach Emden & Ditzum
(Mai-September)
113
N 33
N 41
LF 9
6
4,5
5,5
2,5
2
1,5
3

Spijk
Vorwahl: 0596

- Oranjemuseum Het Paleisje, W. Noordhuis, Hoofdweg-Noord 20, ✆ 591285
- Die vom kreisförmigen Ringsloot umgebene **Kirche** stammt wider Erwarten bereits aus dem **13. Jh.** Besichtigung des schlichten Inneren: Mw. G. W. Smit-Evers, ✆ 592173 od. 635207.
- Windmühle Molen Ceres (1839), 't Loug 15, ✆ 591271 od. 0595/432629, ÖZ: Sa 13-16 Uhr.

Von Spijk nach Delfzijl — 12,5 km

Auf dem **Nesweg** verlassen Sie den Ortskern ↝ hinter der gleichnamigen Bushaltestelle nach dem Wasserlauf rechts in den Radweg **Trekpad** ↝ 300 Meter weiter gegenüber einer hölzernen Brücke links ↝ am Ende rechts und die erste wieder links (**Willem de Mérodelaan**) ↝ 40 Meter später in der Linkskurve nach rechts in den **Tochtpad** ↝ nach rund einem Kilometer nach links, nach 50 Metern den Weg überqueren und rechts ab.

Bierum
- Die **Kirche** (13. Jh.) mit ihrer merkwürdigen Turmkammer enthält Deckenmalereien aus dem 15. Jh. und Grabsteine aus dem 16. Jh. Für Besichtigungen: dhr. H. van Heuvelen, Torenlaan 2, ✆ 591539, ÖZ: Mo-Sa (außer Fei) 9-11 Uhr und 13-17 Uhr.

Im Ort endet der linksseitige Radweg, ein Stückchen weiter rechts in den **Luingaweg** ↝ 200 Meter später am Friedhof die zweite links (**Torenlaan**) ↝ an der Kirche vorbei längs der Gracht dem **Borgsingel** folgen ↝ am Ende links auf den **Hereweg** ↝ am Ortsrand rechts und 400 Meter weiter links halten, mit dem Durchgangsverkehr in Richtung Hoogwatum.

Hoogwatum
Tipp: Ab hier nun immer am Deich entlang Richtung Delfzijl. Nach gut 5 Kilometern bietet sich ein Ausflug ins sehenswerte Appingedam an.

Abstecher nach Appingedam — 11,5 km

Beim Abzweig geradeaus und die erste Möglichkeit rechts ab und unter der Schnellstraße hindurch ↝ bei den Häusern von **Neterij** stoßen Sie an die Vorfahrtsstraße ↝ links ab und auf dem **Wierdeweg** durch **Uitwierde** bis zum Ortsteil Biessum.

Biessum
Rechts herum auf dem Radweg um diesen runden Ort (**Ossenweg**) ↝ südlich auf die Eisenbahn zu und direkt rechts ab ↝ der zunächst gut asphaltierte Radweg führt dort nach links ab durch die Bahn- und Straßenunterführung ↝ dahinter rechtsherum ein Stück parallel der Straße und wird holpriger ↝ nach den Kurven links halten, wo Sie nach ein paar hundert Metern am Rande der Siedlung auf die Straße nach Appingedam stoßen ↝ auf dieser rechts und entlang des **Damsterdieps** geradewegs hinein in die Stadt.

Appingedam: Die Hängenden Küchen

Appingedam
Vorwahl: 0596

- **VVV/ANWB Appingedam**, Wijkstraat 38, ☎ 620300
- **Raadhuis** (1630), Wijkstraat 36. Das Rathaus gilt als eines der kleinsten des Landes.
- **Nicolaikerk** (13.-14. Jh.), Wijkstraat 32, ☎ 622992 od. 050/3013448, ÖZ: Juni-Sept., Mi, Sa 14-16 Uhr. Die dreischiffige Hallenkirche besitzt Wandmalereien und eine Hinsz-Orgel (1744)
- **Synagoge**, Broerstraat
- **Olingermolen**, De Groeve westzijde 26. Besichtigung der Windmühle inkl. Ausstellung mit A. Schaafsma, ☎ 622926.
- **Museum Stad Appingedam**, Wijkstraat 25, ☎ 680168, ÖZ: Di-Fr 11-17 Uhr, Sa, So 13-17 Uhr. Kulturhistorisches Museum über die Stadt und ihr Hinterland Fivelingo mit Schwerpunkt Architektur und Städtebau.
- **Damsterdiep Keuken**, die aus Platzmangel erbauten „Hängenden Küchen" über dem Damsterdiep.
- **Familiepark Ekenstein**, Alberdaweg 70, ☎ 628528, ÖZ: Mo-So 10-17 Uhr.
- **Chez Bateau** (Kanu- und Wasserfahrradvermietung), Wijkstraat 26, ☎ 626039
- **W. H. Dijkema**, Stationsstraat 9, ☎ 622974;
- **W. A. Lambeck**, Wijkstraat 86, ☎ 622266

Bereits 1327 erlangte diese malerische Stadt vom Freiheitsbund der autonomen Friesen ihre Stadtrechte. Appingedam war im 16. Jahrhundert eine wichtige Handelsstadt und konnte sogar mit der Provinzhauptstadt Groningen konkurrieren. Aus einer klugen Idee sind die berühmten „Hängenden Küchen" über dem Damsterdiep entstanden. Ehemals zum Ein- und Ausladen der Waren vom Wasser aus gedacht, wurden hier beim Umbau der Packhäuser in Wohnungen die Küchen platzsparend untergebracht. Sie sind mittlerweile die Erkennungsmerkmale Appingedams. Heutzutage ist dieser historische Ort auch ein Zentrum des Wassersports.

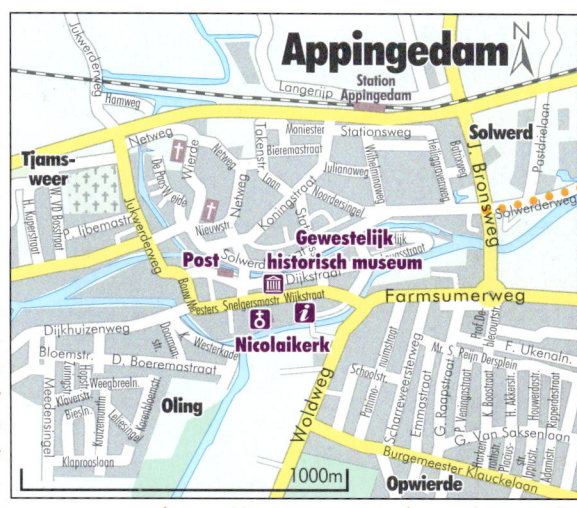

Für den Rückweg können Sie sich auch der beschilderten Radroute LF 9 anvertrauen, die sie entlang des **Damsterdieps** zum Hafen von **Delfzijl** führt.

Die beschilderte Hauptroute führt weiter nach links gut 2 Kilometer auf der Innenseite des Deiches entlang ↝ auf Höhe des auf Stelzen ins Wasser gebauten Eemshotels an der Gabelung rechts halten und geradeaus am **Museum AquariOm** vorbei ↝ wenig später geht es rechtsherum und über die Vorfahrtsstraße ↝ dahinter links und über die Bahngleise.

Delfzijl
Vorwahl: 0596

- VVV Delfzijl, Joh. van de Kornputplein 1a, ☎ 618104
- Fähre Delfzijl – Emden – Ditzum: Mai-Sept., Mi, Fr, So 8.30 und 15 Uhr, Anmeldung empfohlen beim VVV od. ☎ 0049/491/5696.
- Korenmolen Adam, Molenberg 21-29, ☎ 624550, ÖZ: Sa 14-16.30 Uhr, Besichtigung mit A. Schaafsma, ☎ 622926
- Windmühle Korenmolen Aeolous, Molenstraat/Borgshof 24, OT Farmsum, Besichtigung mit J. Bakker, ☎ 624636, ÖZ: Di, Do 13.30-17 Uhr, außer während der Schulferien.
- Standbild von Inspektor Maigret, Jaagpad. Simenon schrieb seinen ersten Krimi "Un crime en Holland" in Delfzijl.
- Maritiem museum AquariOm, Zeebadweg 3, ☎ 612318, ÖZ: April-Sept., Mo-So 10-18 Uhr, Okt.-März, Mo-So 10-17 Uhr. Spiel- und Aktivpark für Kinder, subtropisches Badeparadies, maritimes, geologisches und archäologisches Museum, Muschelausstellung, Meeresaquarium.

Delfzijl: Eemshotel

- Arie's Bike Shop, Mercuriusstraat 13, ☎ 611614
- VVV Delfzijl, Joh. van de Kornputplein 1a, ☎ 618104

Es ist kaum zu glauben, aber dieses gemütliche kleine Städtchen ist einer der wichtigsten Häfen der Niederlande. Die Förderung von Salz und Gas bescherten den wirtschaftlichen Aufschwung. Den Grundstein für die Stadt legten 1300 die drei „Zijlen" (Schleusen) in der Delf, dem Flüsschen, das von Groningen zur Ems fließt. 1591 befreite Prinz Maurits die Schanze Delfzijl von den Spaniern, wonach sie zur Festung – mit Bauernhöfen und Mühlen zur Eigenversorgung der Soldaten – ausgebaut wurde. Zur Blüte kam die Stadt im Laufe das 19. Jahrhunderts durch die Schifffahrt.

Begünstigt durch die Seefahrtschule des Abel Tasman aus dem Jahre 1856. Als Anbindung an die Stadt Groningen wurde 1875 der Emskanal gegraben, was angesichts der immer größer werdenden Schiffe auch dringend nötig war. Das Schleifen der Festung ermöglichte ein weiteres Wachstum der Bebauung. Kurz danach folgte 1884 der Anschluss an das (inter)nationale Schienennetz, der Bahnhof ist als einer der wenigen des Landes im originalen Stil erhalten geblieben. Die letzten Jahrzehnte brachten Delfzijl erneuten Aufschwung durch die großen Erdgas- und Salzfunde in der Provinz Groningen, die hier umgeschlagen und verarbeitet werden. Innerhalb von nur 20 Jahren verdoppelte sich die Einwohnerzahl, was zur Eingemeindung der umliegenden Dörfer Heveskes, Farmsum, Biessum, Uitwierde und Weiwerd führte.

Von Delfzijl nach Termunterzijl — 10 km

Den breiten Stationsweg am Bahnhof queren ↝ im Ortskern halblinks der Straße **De Vennen** folgen ↝ weiter im Bogen **Havenstraat – Marktstraat – Oudeschans** vor dem Haus Nr. 24a links und vor **M. A. de Ruyterpoort** ↝ direkt wieder rechts auf den Radweg am Deich ↝ am Ende links auf die Straße ↝ links halten und über die Brücke mit Schleuse ↝ an der Vorfahrtsstraße rechts ab und nun auf dem Radweg gut 1,5 Kilometer entlang, an der Firma AKZO vorbei und über die **Schleusenbrücke** ↝ nach der nächsten Brücke links in den Ortsteil Weiwerd.

Weiwerd

Immer der Durchgangsstraße folgen (**Oosterwierum**) ↝ nach gut 2,5 Kilometern an der Kreuzung den Oosterhornhaven mit der Heemskesbrücke nach links Richtung Borgsweer überqueren ↝ direkt rechts auf den linksseitigen Radweg an der Straße **Oosterhorn** ↝ nach einem Kilometer, am Ende des Radweges, links ab in den **Valgenweg** ↝ zweimal über die unbeschrankten Gleise der Hafenbahn (⚠) und bis vor zum Deich ↝ hier rechts und unten entlang ↝ wenig später am **Pilzwegweiser Nr. 24749** links auf den Deich hinauf an der Schranke vorbei Richtung Oterdum.

⚠ **Tipp**: Vorsicht: Im Boden Viehgatter in Fahrtrichtung!

Gleich wieder rechts weiter am **Zeedijk** entlang ↝ am Ende beim **Pilz Nr. 24747** rechts nach Termunterzijl.

Termunterzijl
Vorwahl: 0596

🏛 **Golden Zieltje**, Plankpad 5, ÖZ: Mo-So 14-18 Uhr, ✆ 630669

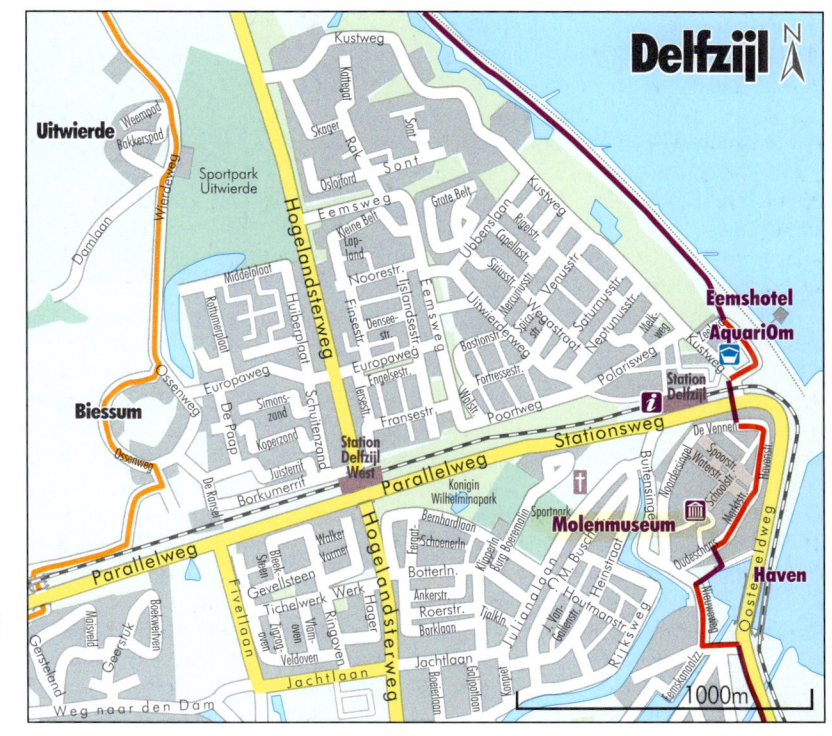

⛪ Romanische **Kirche**, 13. Jh.
✳ Histor. **Schleusenbrücke** „De Boog van Ziel" (1725)
🚿 **Salzwasserbad**, Kennickweg, ✆ 602121, ÖZ: April-Sept.

Von Termunterzijl nach Nieuweschans   23,5 km

100 Meter weiter am Ende links auf die Vorfahrtsstraße und über die Brücke.

Termunten

Hinter der nächsten Brücke im Ort links in die Sackgasse **Kerkpad**, die wenig später kurz in einen Klinkerpfad übergeht ↝ am Ende dieses Weges vor Haus Nr. 16 rechts und direkt nach Haus Nr. 17 wieder links zwischen den Pfählen hindurch hinunter ↝ 200 Meter weiter wieder Pfähle, hier links und in Folge am **Pilz Nr. 24745** dem Rechtsbogen nach ↝ hinter den Häusern von **Dallingeweer** dem Weg linksherum folgen, über den Afwateringskanaal und am Deichdurchgang den **Dallingeweersterdijk** kreuzen ↝ mit mehreren rechtwinkligen Knicken durch den **Johannes Kerkhovenpolder** ↝ nach einem weiteren Durchgang am nächsten Deich in den Carel Coenraadpolder, wo es gleich kurz nach rechts geht ↝ mit Linksknick nun für 5 Kilometer geradlinig parallel des **Reiderwolderpolderdijk**.

An der Kreuzung kurz hinter einer leichten Linkskurve rechts ab Richtung Drieborg (**Pilz Nr. 24736**).

Tipp: Geradeaus kommen Sie nach Querung des Boezemkanaals im Rechtsbogen auf den **Hoofdweg**, der Sie nach links schnurgerade bis **Nieuwe Statenzijl** bringt. Hier an der Mündung der Westerwoldschen Aa bietet sich von der Schleuse ein Blick hinaus auf den Dollart.

Immer auf der östlichen, der deutschen Seite der Westerwoldschen Aa entlang gelangen Sie mit der Internationalen Dollard-Route auch nach **Nieuweschans**.

Mit dem Nordseeküsten-Radweg hinter der alten Schleuse am Deichdurchgang an der nächsten Kreuzung bei den ersten Häusern von **Hongerige Wolf** links über die Brücke des Hoofdkanaals weiter Richtung Drieborg ↝ dieser Wegweisung folgend vor dem nächsten Deich scharf rechts vom **Hoofdweg** ab ↝ wenig später den Egyptische Dijk nach links queren, immer noch auf Drieborg zu ↝ der erste Weg vom **Stadspolderweg** nach rechts ist der **Oude Dijk** ↝ bei den erhöht liegenden Häusern von **Kostverloren** links ab und der Straße nach Drieborg hinüber folgen.

Drieborg

Durch den Ort der Straße **Hoofdweg** im Rechtsbogen nach ↝ am Ortsrand links auf den Radweg ↝ einen Kilometer darauf die erste Straße halblinks Richtung Nieuweschans ↝ wenig später mündet diese auf die Hauptstraße **Lange Weg** ↝ auf dem Radweg daran entlang an den Häusern **Oude Zijl** vorbei bis zum Bahnhof in Nieuweschans.

Nieuweschans
Vorwahl: 0597

Delfzijl
Kompaspaal
Haven
25
Bocht van Watum
Gaatje Bocht
Deutschland
Fahrwasser nach Emden
Gelsesteert
26
Dollartfähre nach Emden & Ditzum/Ems
(Mai-September)
Farmsum
Aeolus
5,5
2
Zeehavenkanaal
Westerhoofd
Oosterhoofd
Eems
Mond van de Dollard
Oosterhornhaven
Chemische Fabriek
Heveskes
Aluminium-Fabriek
Oosterhorn
Weiwerd
Geefsweer
Nederland
Punt van Reide
Reider-buitenland
Termunterzijl
4
1
3
Industrieterrein
Heemskes-brug
Weiwerd
Duurswold
1,5
Termunten
Fiemel
Borgsweer
Industrieterrein
Nooitgedacht
2
Dallingeweer
Lalleweer
Oude Ae
Heringsplaat
Grijze Monniken klooster
Baamsum
Ideweerstertocht
Westerlaan
Kloosterlaan
Madelaan
N 362
Afwateringskanaal
Meedhuizen
Lesterhuis
Ideweer
Johannes Kerkhoven-polder
Reider plaat
Schaapbulten
Woldendorp
Opmeeden
De Vennen
Dallingeweersterdijk
Termunterzijldiep
Aardgas-winning
Zomerdijk
Nonnegaat
Olgershoeve
Vlampijp
Heemweg
Klazinabrug
De Laagte
Scheveklap
Waldhoeve
Reidewoldt
10
119
Wagenborgen
Oude Dijk
27
Zwanegweg
Binnen Ae
Afwateringskanaal
Reiderwolderpolderdijk
Prostmeer
De Laagte
De Meyvaiert

🏛 **Vestingsmuseum (Festungsmuseum)**, 1e Kannonierstraat 2, ☎ 542249, ÖZ: Febr.-Okt., Mo-Fr 9.30-12 Uhr und 13.30-17 Uhr, Nov.-Jan., Mo-Fr 9.30-12.30 Uhr. Die Geschichte der Grenzanlage mit dem Modell der alten Festungsanlage, archäolog. Funden, alten Landkarten und Ansichten.

🏛 **Naaimachinemuseum (Nähmaschinen-Museum)**, Hoofdstraat 229, ☎ 521208, ÖZ: n. V.

⚑ Auf dem Dachboden der **Garnisonskirche** (18. Jh.) wurde einst das Heu für die Pferde der Soldaten gelagert.

✱ Die Gouvernementshäuser Voorstraat 21 u. 22 bilden zusammen **'s Lands Huys**, wo die wichtigsten Gäste sowie jährlich die Festungsinspektoren logierten.

✱ Das Haus der **Hoofdwacht**, Voorstraat 30, stammt aus der Frühzeit der Garnison. Täglich vollzog sich hier der zeremonielle Schichtwechsel der Wachen.

✱ Am alten **Pakhuis** für Weizen (1873) **De Dageraad** fällt besonders die kunstvolle Darstellung von Hülsenfrüchten in der Bleiverglasung auf.

✉ **Thermal- und Kurbad Fontana**, Weg naar de Bron 3-7, ☎ 527217, ÖZ: April-Sept., 9-23 Uhr, Okt.-März, 11-23 Uhr.

Durch die Anschwemmungen der Sturmfluten im 16. Jahrhundert und aktive Einpolderungen konnte man dem Meer große Gebiete abringen. Deshalb wurde 1628 auf der Grenze zwischen Land und Meer die

Schanze Nieuweschans angelegt. Diese Festung behielt ihre strategische Bedeutung, bis 1815 die niederländische Garnison abzog. Das Interesse an diesem bedeutungsvollen Festungsort flammte erst in den 70er Jahren des 20. Jahrhunderts wieder auf und es wurden grundlegende Restaurierungsarbeiten durchgeführt.

Von Nieuweschans nach Leer — 27 km

Am **Bahnhof** in Nieuweschans überqueren Sie auf der Hauptstraße die Bahn und auf schmaler Brücke (Radweg) die Westerwoldsche Aa ⟿ im Ort folgen Sie der Hauptstraße halblinks (erst **H. F. Dresselhuisstraat**, dann **J. Driegenstraat**) ⟿ am Ende in der Rechtskurve links ab (auch gemäß Beschilderung der Dollard-Route) auf die **W. Mettingstraat** ⟿ an der Querstraße kurz links und direkt wieder rechts auf den Radweg ⟿ über das Brückchen Naoberbrug nach Deutschland.

Tipp: Hier endet die niederländische LF-Route 10a, die Waddenzeeroute. Sie folgen nun der deutschen Wegweisung des Nordseeküsten-Radwegs.

Hinter dem Wymeerer Sieltief nach zirka 500 Metern vor der Bahn nach rechts auf die **K 39** ⟿ am Rechtsknick der Straße geradeaus auf den Sandweg abbiegen und entlang der alten Bahnlinie bis zur B 436 am Ortsrand von Bunde.

Bunde (D)
PLZ: 26831; Vorwahl: 04953

ℹ **Verkehrsbüro**, Kirchring 2, ☎ 80913 od. 80947.

🏛 **Natur- und Kulturpark Dollart - Dollartmuseum**, Rheiderlandstr. 3, ☎ 910830, ÖZ: Ostern-Ende Okt., Di, Sa, So 15-18 Uhr o. n. V. Sieben Abteilungen bringen Ihnen die Dollart- und Deichbaugeschichte der vergangenen 3.000 Jahre näher, u. a. das Schicksal der über 30 bei Sturmfluten untergegangenen Ortschaften.

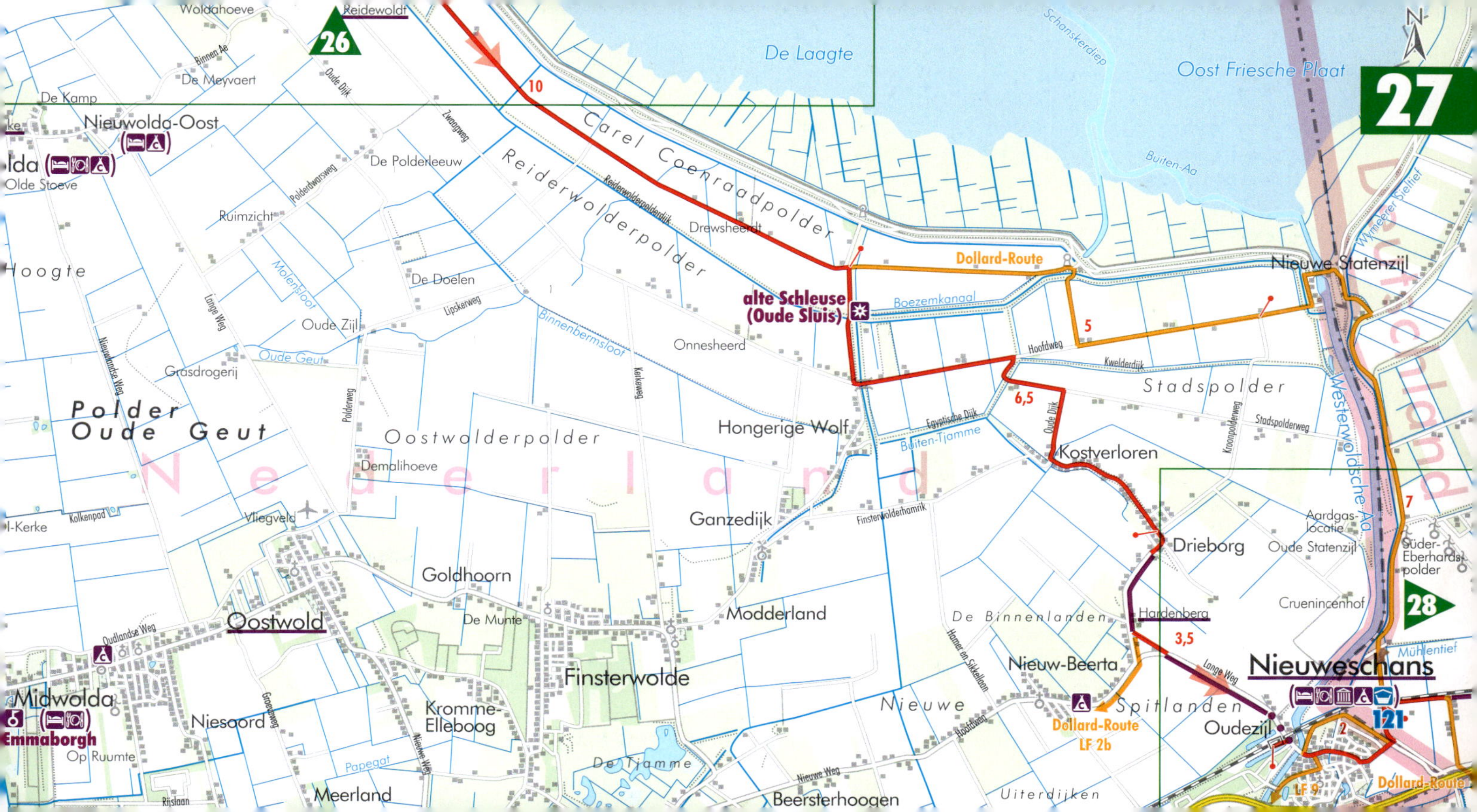

27
26
28
Reidewoldt
Woldahoeve
Binnen Ae
De Meyvaert
De Kamp
Nieuwolda-Oost
Olde Stoeve
De Laagte
Oost Friesche Plaat
Schanskerdiep
Carel Coenraadpolder
Reiderwolderpolder
Reiderwolderpolderdijk
Drewsheerdt
Dollard-Route
Nieuwe Statenzijl
alte Schleuse
(Oude Sluis)
Boezemkanaal
Buiten-Aa
Wymeerer Sieltief
De Polderleeuw
Zwaagweg
Oude Dijk
Polderdwarsweg
Ruimzicht
Hoogte
Molensloot
De Doelen
Lipskerweg
Oude Zijl
Binnenbermsloot
Onnesheerd
Hoofdweg
Kwelderdijk
Stadspolder
Oude Geut
Grasdrogerij
Lange Weg
Nieuwlandse Weg
Polder Oude Geut
Polderweg
Keikeweg
Oostwolderpolder
Hongerige Wolf
Egyptische Dijk
Buiten-Tjamme
Oude Dijk
Kostverloren
Kroonpolderweg
Stadspolderweg
Westerwoldsche Aa
Demalihoeve
Nederland
Deutschland
Kolkenpad
Vliegveld
Ganzedijk
Finsterwolderhamrik
Drieborg
Aardgas-locatie
Oude Statenzijl
Süder-Eberhards-polder
Goldhoorn
Modderland
De Binnenlanden
Hardenberg
Cruenincenhof
De Munte
Oudlandse Weg
Oostwold
Hamer en Sikkellaan
Nieuw-Beerta
Lange Weg
Nieuweschans
Mühlentief
Midwolda
Emmaborgh
Op Ruumte
Niesoord
Groeveweg
Finsterwolde
Kromme-Elleboog
Nieuwe Weg
Nieuwe
Spitlanden
Dollard-Route
LF 2b
Oudezijl
Papegat
De Tjamme
Hoofdweg
Nieuwe Weg
Meerland
Beersterhoogen
Uiterdijken
Rijslaan
LF 9
10
5
6,5
3,5
7
2
121

- **Evangelisch-reformierte Kirche**, (ehemals St. Martinskirche, 13. Jh.), Bahnhofstr. 3, ✆ 6962, ÖZ: n.V. Der Ostbau der Kirche zählt zu den herausragenden Leistungen frühgotischer Architektur. Im Innern können Sie ein kunstvoll verziertes Kirchengestühl und teilweise rekonstruierte Wand- und Gewölbemalereien bewundern.
- **Holländer-Windmühle** (1869), ✆ 910830; ÖZ: n. V. Die ehemals zweistöckige Mühle wurde 1911 zu einem vierstöckigen Achtkant mit gemauertem Unterbau umgebaut.
- Die sehenswerte **Wind-Wasser-Schöpfmühle** steht am tiefsten Punkt Deutschlands, dem **Wynhamster Kolk**.
- LSG Wymeer, idyllische Moorlandschaft, Führungen möglich, ✆ 80247
- **Barierrefreies Hallen- und Erlebnisbad**, Kellingwold 25, ✆ 8982 oder 80916

Das Wappen Bundes mit seiner Kogge und die Poller vor dem Rathaus mögen den Besucher zunächst verwirren. Liegt doch die kleine Gemeinde keineswegs an einem schiffbaren Fluss oder gar am Meer. Tatsächlich aber war Bunde einmal Hafenort. Während der drei Sturmfluten des 16. Jahrhunderts erreichte der Dollard (deutsche Schreibung: Dollart) seine größte Ausdehnung, die Ems suchte sich ein neues Flussbett. Allein 30 Ortschaften gingen während der Cosmas- und der Damianflut im Jahre 1509 unter. Darunter die sagenhafte Stadt Torum, deren Glocken in stürmischen Nächten immer noch zu hören sein sollen. Bunde lag von da an für 200 Jahre direkt am Wasser und auch das Steinhaus Bunderhee kam direkt an den Dollard. Nach der Beruhigung der See setzte ein Verlandungsprozess ein und die Menschen begannen mit der Neulandgewinnung durch Einpolderung, Schöpfwerksbau und Entwässerung des Binnenlandes. Dadurch verlor Bunde zwar seine Verbindung zum Wasser, es liegt heute als staatlich anerkannter Erholungsort aber am Radfernweg „Internationale Dollard-Route", zu dem ebenfalls ein bikeline-Radtourenbuch erschienen ist.

An der Bundesstraße kurz links und direkt wieder rechts in den Asphaltweg **Ladestraße** ⮞ parallel der Gleise im Knick rechts halten, in die Straße **Am Bahnhof** ⮞ an der nächsten Querstraße links ab und vor bis zur Hauptstraße, der Sie nach rechts in Richtung Weener folgen ⮞ am Bunder Ortsende noch vor der Autobahn rechts und wieder links Richtung **Tichelwarf** ⮞ dort quert die Route nach rechts die Bahn und biegt an der nächsten Möglichkeit wieder links von der größeren Straße ab ⮞ an der T-Kreuzung am Ende wieder nach links bis zur Bahn ⮞ vor den stillgelegten Gleisen zweigt der Radweg scharf rechts in die Felder hinein ab und schlängelt sich parallel der Schienen bis **Weener** ⮞ geradeaus in die Wohnstraße hinein und an der ersten Möglichkeit links in die **Königsberger Straße** und über die Bahn ⮞ nach wenigen Metern rechts in die etwas größere **Berliner Straße** ⮞ diese geht in die **Wiesenstraße** über und kreuzt die Straße **Auf dem Knollen** ⮞ direkt dahinter geradeaus auf den geschotterten Fuß- und Radweg ⮞ vorbei an der Schule im Bogen bis zur Hauptstraße ⮞ hier vor der Kirche links halten und über die Ampelkreuzung geradeaus auf der **Hindenburgstraße** in die Altstadt von Weener.

Weener (D)
PLZ: 26826; Vorwahl: 04951

- **Tourist Information**, Norderstr. 18, ✆ 912016
- **Organeum**, Norderstr. 18, ✆ 912203, ÖZ: Di-Do 10-12 Uhr und 15-17 Uhr, Fr 10-12 Uhr. Instrumentenbestand, Orgelfahrten und -führungen, Konzerte, u. v. m.
- **Heimatmuseum Rheiderland**, Neue Str. 26, ✆ 1828, ÖZ:

28

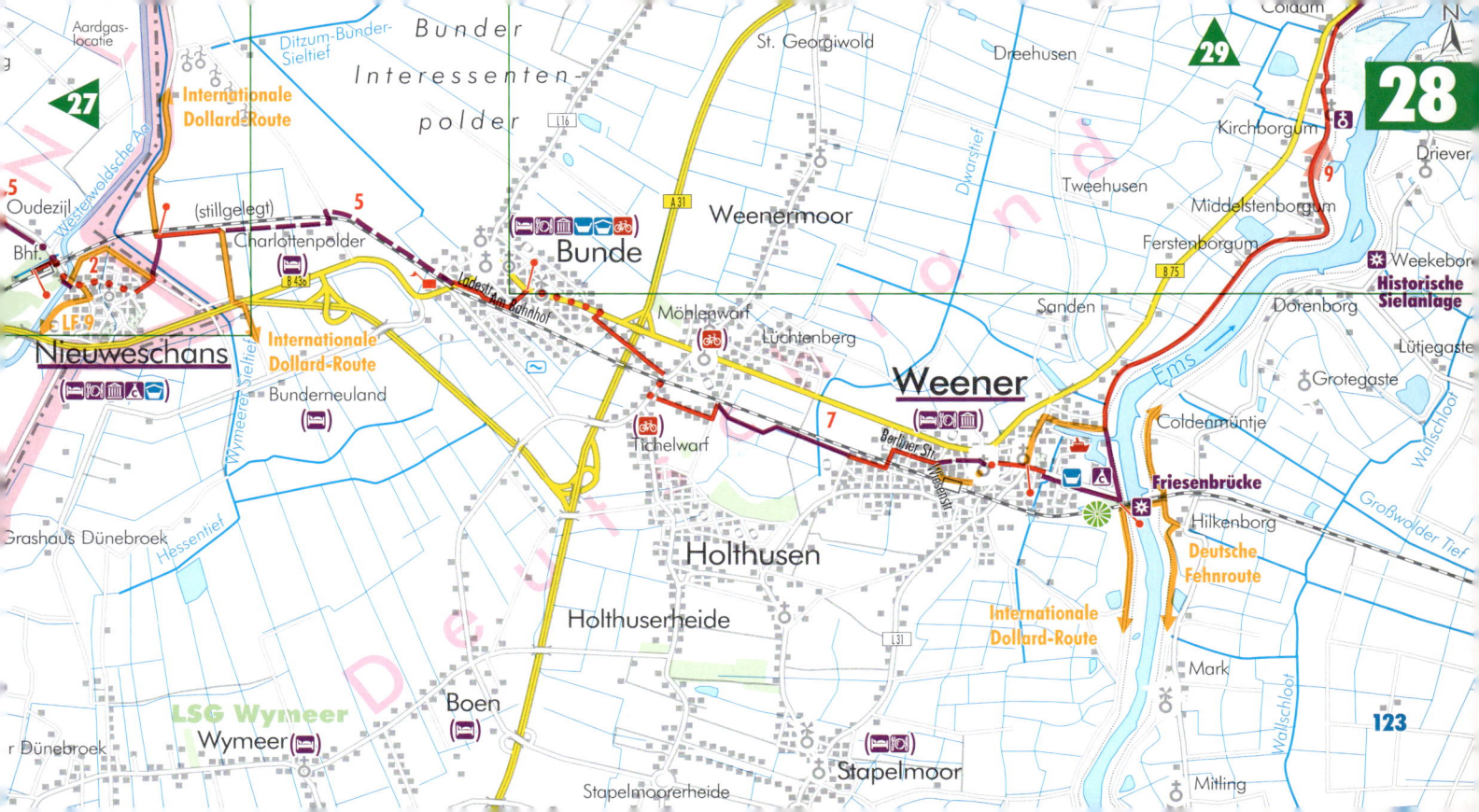

Map labels

- Aardgaslocatie
- Ditzum-Bunder-Sieltief
- Bunder Interessenten-polder
- St. Georgiwold
- Dreehusen
- Colaam
- Kirchborgum
- Driever
- Tweehusen
- Middelstenborgum
- Oudezijl
- (stillgelegt)
- Charlottenpolder
- Weenermoor
- Ferstenborgum
- Weekebor
- Historische Sielanlage
- Bhf.
- Internationale Dollard-Route
- Bunde
- Sanden
- Dorenborg
- Nieuweschans
- Bundemeuland
- Möhlenwarf
- Lüchtenberg
- Weener
- Lütjegaste
- Grotegaste
- Internationale Dollard-Route
- Tichelwarf
- Berliner Str.
- Coldemüntje
- Grashaus Dünebroek
- Friesenbrücke
- Hilkenborg
- Deutsche Fehnroute
- Holthusen
- LSG Wymeer
- Holthuserheide
- Boen
- Internationale Dollard-Route
- Mark
- Wymeer
- Stapelmoor
- Mitling
- r Dünebroek
- Stapelmoorerheide
- Großwolder Tief

123

🔸 **Alter Hafen**, Historische Bürger- und Kleine-Leute-Häuser, aber auch restaurierte Speicher rahmen das Hafenbecken aus dem 16. Jh. ein. „Törfwieven"-Denkmal (1991).

🔸 **Fronehaus** (1660), Norderstr. 19. Das Fronehaus ist das älteste Wohnhaus Weeners mit typischem Renaissancegiebel.

🔸 **Galleriehölländer-Windmühlen** finden sich in den OT **Stapelmoor** (Bj. 1909; Besichtigung n. V. ✆ 2335) und **Möhlenwarf** (Bj. 1899, nur Außenbesichtigung).

🔸 **Jüdische Friedhöfe**. Auch wenn es heute keine jüdische Gemeinde in Ostfriesland mehr gibt, erinnern die Gräberfelder an ihr fast vier Jahrhunderte langes Bestehen: Smarlingen I und II (1671-1848), Unnerlohne/Graf-Ulrich-Str. (1850-1896) und Buchenweg/Graf-Edzard-Str. (1896-1940).

🔸 **Friesenbrücke** über die Ems. Mit 335,40 m eine der längsten Eisenbahnklappbrücken in Deutschland. Radlern eröffnet sie den Übergang zur **Deutschen Fehnroute** (vgl. bikeline-Radtourenbuch), die auf dem rechten Emsufer nach Leer führt.

✉ **Freibad**, Friesenstr., ✆ 2344, ÖZ: Mai-Sept.

Weener ist ein gemütliches ostfriesisches Hafenstädtchen mit einem sehenswerten historischen Altstadtkern. Einst Heimathafen stolzer Segler, die die Weltmeere befuhren, zollt die alte Hafenstadt heute mit ihrem Yachthafen modernen Ansprüchen Rechnung.

Historische Unterlagen des Klosters Werden (Ruhr) erwähnen Weener bereits im Jahre 951. Im 16. Jahrhundert verdiente man sich die Waagegerechtigkeit und seit 1570 existierte ein ausgebauter Hafen. Dort mussten Frauen, die „Törfwieven", unter äußerster Anstrengung Schiffe vom Torf entladen.

Noch heute können Sie das Ensemble des Alten Hafens mit den zum Teil noch historischen Schiffen, umrahmt von mittelständischen Bürgerbauten und Speichern im holländischen Stil, genießen.

Hier bietet sich übrigens die Möglichkeit, entlang der Eisenbahnbrücke über die Ems hinweg zur Deutschen Fehnroute zu wechseln, die am östlichen Ufer nach Leer führt. Von Süden mündet hier die Radroute Dortmund-Ems-Kanal, so-

April-Okt., Di, Sa, So 15-18 Uhr, für Gruppen n.V. Ehemaliges Armenhaus (1791), in dem neben Natur, Tradition und Geschichte des Rheiderlandes auch prähistorische Funde und eine Handwerkssammlung ausgestellt sind.

🔸 Evangelisch-reformierte **St. Georgkirche** (13. Jh), Kirchpl. 2, ✆ 2916. ÖZ: am Wochenende. Arp Schnitger-Orgel (1709/10), frei stehender Glockenturm (1738).

29
Jemgumgaste
Jemgum
L15
Nüttermoor
Eisinghausen
Logabirumerfeld
Balkhaustief
Marienchor
Klimpe
Ems
Nordseeküsten-Radweg 2
Richtung Emden - Bremerhaven - Hamburg
Hohegaste
Heisfelde
Logaerfeld
Windmühle
Logabirum
Jemgumer Sieltief
Jemgumgeise
K37
A31
Röhmerwold
Loga
B436
Phillipsburg
L16
Bentumer Sieltief
Holtgaste
Soltborg
Bingumer Sand
3
Schloss Evenburg
Leda
Groß-Soltborger Sieltief
B436
Bovenhusen
Jann-Berghaus-Brücke
Nettelburg
Bingum
Leer
Wiltshausen
1
Einhaus
Bingumgaste
Leerort
Leda-Sperrwerk
Coldam
Heerenborg
Sprickenborger Str.
Tjackleger
Breinmoorer Sieltief
L16
St. Georgiwold
Dreehusen
Esklum
Deutsche Fehn-Route
Kirchborgum
Kloster Muhde
B70
Dwarstief
Driever
9
Tweehusen
Moorhusen
Breinermoor
A31
Weenermoor
Middelstenborgum
28
Ferstenborgum
Wallschloot
Sanden
B75
Dorenborg
Backemoor

wie der Ems-Radweg, vgl. auch *bikeline-Radtourenbücher Deutsche Fehnroute und Ems-Radweg*).

So friedlich sich die Geschichte Weeners heute liest, so kriegerisch ging es mit der Stadt im Laufe der Jahrhunderte auf und ab. Seit 1492 wurde der Ort mindestens fünfmal verwüstet und wieder aufgebaut. Eigentlich klar, dass sich hier der Phönix als Wappentier etablierte.

Geradeaus über die **Osterstraße** das historische Ortszentrum verlassen Sie in Folge auf der **Friesenstraße** am Freibad vorbei zur Ems noch vor der beeindruckenden Friesenbrücke, über die die Eisenbahn die Ems quert, nach links in den **Schleusenweg** hinter der Schleuse – linker Hand der **Hafen** – kommen Sie auf die Straße **Zum Schöpfwerk**.

Jetzt am Deich entlang die kleine asphaltierte Straße führt Sie durch die Dörfer **Ferstenborgum**, **Middelstenborgum** und **Kirchborgum**.

Kirchborgum (D)

Evangelisch-reformierte Kirche, ÖZ: Mo-So. Nachdem die Fluten der Ems bereits zwei Kirchen verschlungen hatten, entstand dieser Bau im Stil vieler Gulfhöfe (Krüppelwalmdach) 1827 direkt hinter dem neuen Deich. Innen bildet das weinrote Gestühl einen Kontrast zum pastellgrünen Anstrich des Tonnengewölbes.

In **Coldam** mündet die Straße auf die B 436 auf dem straßenbegleitenden Radweg rechts weiter.

Coldam (D)

Tipp: Mit Blick auf die Ledamündung in die Ems biegt der deutsche Nordseeküsten-Radweg links nach Bingum ab. Weiter entlang des westlichen Emsufers können Sie noch bis zum sehenswerten Jemgum radeln. Für die Fortsetzung auf der Noth Sea Cycle Route schließen sich die *bikeline-Radtourenbücher Nordseeküsten-Radweg Teil 2* (bis Hamburg), *Teil 3* (bis Tønder/Dänemark) und *Teil 4* (Tønder bis Skagen) an.

Leer-Bingum (D)

PLZ: 26789; Vorwahl: 0491

Touristinformation Leer, Ledastr. 10, ✆ 91969670

Evangelisch-lutherische Matthäikirche, An der Matthäikirche 8. Nur beim genaueren Hinsehen offenbart sie ihre romanische Herkunft und die damit fast 800-jährige Geschichte.

Die **Jann-Berghaus-Brücke** über die Ems ist die längste Klappbrücke Europas.

Abstecher nach Jemgum 6 km

Hinter der Kreuzung der B 436 mit der K 15 geht es gleich wieder rechts in Richtung Bingumer Sand im Linksknick vor dem Deich auf der Deichinnenseite auf einem Kfz-freien Weg weiter für zirka einen Kilometer müssen Sie dann noch mal auf die Hauptstraße hinauf, dann fahren Sie hinter der Brücke über die A 31 wieder am Deich entlang bis Jemgum.

Jemgum (D)

PLZ: 26844; Vorwahl: 04958

Verkehrsbüro Jemgum, Hofstr. 2, ✆ 918116

Tourist-Information, Postfach 1165, ✆ 91810

Kreuzkirche, Lange Str. 49, ✆ 381. Weithin als Wahrzeichen

Jemgums zu sehen ist der leuchtturmartige Glockenturm, den die alte Kirche (13. Jh.) im Jahre 1846 erhielt.
- **Alba-Haus** (1567), Lange Straße 17.
- **Galerieholländer-Windmühle** (1756), ✆ 336, Kreuzstr. 2. Besichtigung im Sommer regelmäßig an Wochenenden.
- **Ziegelei Reins**, Hofstr. 4, ✆ 91891. Das Unternehmen in Jemgum ist die letzte rheiderländische Ziegelei.
- letzte **Emsbadeanstalt**, Jemgumer Hafen (gezeitenabhängig)

In der Umgebung von Jemgum, am „Endje van de Welt", wurde schon um 700 v. Chr. gesiedelt. Die Gründung des heutigen Sieldorfes erfolgte im 8. Jahrhundert n. Chr. aus einer Langwarf. Geschichtsträchtige Gebäude säumen die Straßen. Römer, Hessen, Dänen und Franzosen versuchten im Laufe der Jahrhunderte sich hier niederzulassen. Im Jahre 1568 streifte den kleinen Ort ein Hauch großer Geschichte: Kein geringerer als der spanische Herzog und Statthalter der Niederlande Fernando Álvarez de Toledo Alba hielt sich hier auf. Er nächtigte im nach ihm benannten Haus während der Schlacht von Jemgum, die im Zuge des Spanischen Erbfolgekrieges geführt wurde. Auch ist überliefert, dass es bereits im Jahre 1599 Lehrer in Jemgum gab.

Jemgum

Nach **Leer** hinüber queren Sie mit der Bundesstraße auf der **Jann-Berghaus-Brücke** den Fluss nach rechts ～ in der Linkskurve dahinter rechts ab ～ auf dem Radweg an der **Groninger Straße** gelangen Sie ins Zentrum ～ nach dem „Hafenblick" rechter Hand geht es noch in der Linkskurve der **Pferdemarktstraße** rechts in die **Neue Straße** hinein ～ geradeaus ins Zentrum.

Leer (D)
PLZ: 26789; Vorwahl: 0491

- **Touristinformation Leer**, Ledastr. 10, ✆ 91969670
- **Flussfahrten** auf Ems, Leda und Jümme. Auskunft beim Schiffahrtskontor Germania, ✆ 5982 und beim Verkehrsbüro.
- **Heimatmuseum**, Neue Str. 14, ✆ 2019; ÖZ: Di-Fr 10-17 Uhr, So 11-12.30 Uhr. Im Mittelpunkt der Ausstellung steht das kulturelle und wirtschaftliche Leben der Region: ostfriesische Wohnkultur, historische Bekleidung, Bilder ostfriesischer Maler; Vorgeschichte der Geest; Schifffahrtsabteilung; Sonderausstellungen.
- **„Haus Samson"**, Rathausstr. 18, ✆ 925230; Wohnkultur des 18. und 19. Jhs.; darunter birgt das Haus Norddeutschlands größten Weinkeller.
- **Stadtarchiv**, Rathausstr. 1, ✆ 9782411. Hier erhalten Sie Informationen zur Stadtgeschichte.
- **Lutherkirche**, ✆ 2750; ÖZ: n. V.
- **Große Reformierte Kirche**, ✆ 2566; ÖZ: . n. V. Eine typische

127

Leer – Rathaus & Waage

Predigerkirche, 1785-87 in Form eines griechischen Kreuzes erbaut.

- **Rathaus**, Führungen: Mai-Sept., Di 15 Uhr und Do 11 Uhr. Es wurde 1889-94 nach Plänen des Aachener Professors Henrici im deutsch-niederländischen Renaissancestil erbaut.
- **Waage (1714)**, Uferplatz. Die Waagschalen, die die Eingänge des Gebäudes schmücken, verweisen auf die ehemalige Funktion des Barockhauses: Noch bis 1946 wurde hier gewogen.
- **Amtsgericht**. Ehemals als Herrensitz der Familie von Rheden erbaut. Neben dem niederländisch beeinflussten norddeutschen Barockgebäude steht das „Schatthus", das Wohnhaus des Amtmannes.
- **Haneburg**, Besichtigung nur von außen. Mitten in der Stadt liegt die 1570 erbaute und mehrfach erweiterte Burg.
- **Harderwykenburg**. Die um 1480 erbaute Burg ist eine der ältesten noch erhaltenen Burgen Ostfrieslands.
- **Leda-Sperrwerk**, ✆ 12064. Besichtigung n.V. Das Sperrwerk (1950-54) ist das Herzstück der Hochwasserschutzmaßnahmen rund um die Stadt und für die Flüsse Jümme und Leda.
- Der **Plytenberg** am Zusammenfluss von Leda und Ems hat einen Durchmesser von 64 Meter und eine Höhe von 9 Meter. Vermutlich wurde er im 15. Jh. als Ausguck für die Festung Leerort errichtet.
- **Frei- und Hallenbad**, Burfehner Weg 32a, ✆ 65417, ÖZ (Freibad): Mitte Mai-Mitte Sept., Mo-Fr 6.30-20.00, Sa, So 8-18 Uhr.

Die Fischer- und Seefahrerstadt Leer kann mit ihren 33.000 Einwohnern auf eine tausendjährige Geschichte zurückblicken. Erstmals wurde sie im 8. Jahrhundert von dem Münsteraner Missionar Liudger – einem Gesandten Karls des Großen – erwähnt, der ganz in der Nähe des sagenumwobenen Plytenberges die erste Kirche Ostfrieslands errichten ließ. Mit dem Friesenhäuptling Fokko Ukena begann dann die kriegerische Zeit Leers. Er ließ in der Mitte des 15. Jahrhunderts eine Zwingburg errichten, die jedoch schon 10 Jahre danach zerstört wurde. Zu Beginn des darauf folgenden Jahrhunderts wurden Leer vom Landesherrn Edzard Cirkensa die Marktrechte verliehen und mit der Einrichtung des Gallimarktes begann der wirtschaftliche Aufschwung, der im 16. Jahrhundert durch den Ausbau der Leinenweberei weiter ausgeweitet wurde. Am Mündungsdreieck zwischen Leda und Ems gelegen, wurden dem blühenden Handelsort zu Beginn des 19. Jahrhunderts die Stadtrechte verliehen. Ein besonderer Anziehungspunkt heute ist die hübsche und ausgedehnte Leerer Altstadt mit ihren verwinkelten Gässchen. Dieses flächenmäßig größte Sanierungsgebiet Niedersachsens wird seit den Siebziger Jahren des 20. Jahrhunderts revitalisiert.

Streckenempfehlung zum Bahnhof (s. Stadtplan): Hinterm Rathaus halblinks und wieder rechts auf die **Brunnenstraße** an der Kreuzung geradeaus auf die **Heisfelder Straße** direkt dahinter rechts auf den Radweg am **Ostersteg** (in Folge **Bgm. Ehrenholz-Straße**) an der Vorfahrtsstraße (**Friesenstraße**) scharf rechts und auf dem Radweg zum Bahnhof.

Leer
Loga
Julianenpark
Süderkamp
Grenzstraße
Stadtring
Menzelstr.
Ringstr.
Strohhut
Burfehner Weg
Dollartstr.
Enno-Ludwig-Str.
Fritz-Reuter-Str.
Christine-Charlotten-Str.
Edzardstr.
Annenstr.
Allmersweg
Klaus-Groth-Str.
Lönsweg
Lessingstr.
Gerhard-Hauptmann-Str.
Goethestr.
Heisfelderstr.
Friesenstr.
Augustenstraße
Großstr.
Große Roßbergstraße
Bremer Str.
Bahnhofsring
Ubbo-Emmius-Straße
Deichstr.
Hermann-Lange-Ring
Wendekamp
Olthaverstr.
Westerende
Sickenburg
Plytenbergstr.
Am Burggraben
Kirchstr.
Harderwykenstr.
Harderwykenburg
Ostersteg
Mühlenstr.
Vaderkeborg
Ledastr.
Kupenwarf
Ernst-Reuter-Platz
Brunnenstr.
Königstr.
Blinke
Haneburgallee
Pferdemarktstr.
Nesselstr.
Georgsstr.
Handelshafen
Hafenstraße
Industriestraße
Industriehafen
Nesse
Sägemühlenstr.
Südring
Bullenkamp
Hirtenweg
Süderhammrich
Berliner Ring
Breslauer Straße
Groninger Str.
Emsstraße
Am Emsdeich
Großer Stein
EMS
Erghaus-Brücke
Schleusenweg
Am Julianenpark
Gartenstr.
Haupstraße
Im Möörken
Philipsburger Str.
Kleistring
Friedhofsstraße
Privatstr.
Mozartstraße
Hohe Weg
Hindenburgstr.
Am Schlosspark
Steenkamp
Schafkamp
Holzkamp
Westerhammrich
Papenburger Str.
Ulrichsstr.
Hoheellernweg
Fokko-Ukena-Str.
Reimersstraße
Evenburgallee
Okko-ten-Broek-Str.
Graf-Uko-Weg
Ostermeedlandsweg
Lehmkamp
Schreiberskamp
Osseweg
Königsberger Str.
Kleine Allee
Ledabrücke
Leda
Nettelburger Str.
1000m

Übernachtungsverzeichnis

Bett & Bike

Alle mit dem Bett&Bike-Logo (🚲)gekennzeichneten Betriebe sind fahrradfreundliche Gastbetriebe und Mitglieder beim ADFC-Projekt „Bett&Bike". Sie erfüllen die vom ADFC vorgeschriebenen Mindestkriterien und bieten darüber hinaus so manche Annehmlichkeit für Radfahrer. Detaillierte Informationen finden Sie in den ausführlichen Bett&Bike-Verzeichnissen – diese erhalten Sie überall, wo's *bikeline* gibt.

Dieses Verzeichnis beinhaltet folgende Übernachtungskategorien:

- H   Hotel
- Hg Hotel garni
- Gh Gasthof, Gasthaus
- P   Pension, Gästehaus
- Pz Privatzimmer
- BB Bed and Breakfast
- Fw Ferienwohnung (Auswahl)
- Bh Bauernhof
- Hh Heuhotel
- 🏠 Jugendherberge, -gästehaus
- ⛺ Campingplatz
- △   Zeltplatz (Naturlagerplatz)

Es erhebt keinen Anspruch auf Vollständigkeit und stellt keine Empfehlung der einzelnen Betriebe dar.

Die römische Zahl (I–VII) nach der Telefonnummer gibt die Preisgruppe des betreffenden Betriebes an. Folgende Unterteilung liegt der Zuordnung zugrunde:

- I   unter € 15,–
- II   € 15,– bis € 23,–
- III   € 23,– bis € 30,–
- IV   € 30,– bis € 35,–
- V   € 35,– bis € 50,–
- VI   € 50,– bis € 70,–
- VII über € 70,–

Die Preisgruppen beziehen sich auf den Preis pro Person in einem Doppelzimmer mit Dusche oder Bad inkl. Frühstück. Übernachtungsbetriebe mit Zimmern ohne Bad oder Dusche, aber mit Etagenbad, sind durch das Symbol 🛁 nach der Preisgruppe gekennzeichnet.

Da wir das Verzeichnis stets erweitern, sind wir für Ihre Anregungen dankbar. Die Eintragung erfolgt für die Betriebe natürlich kostenfrei.

Rotterdam

Vorwahl: 010

- ℹ️ VVV/ANWB-Rotterdam, Coolsingel 67, 3012 AC Rotterdam, ✆ 4140000
- H Hilton International, Weena 10, ✆ 7108000, VI
- H Rotterdam City Centre, Schouwburgplein 1, ✆ 2062555, VI
- H Inntel Rotterdam Centre, Leuvehaven 80, ✆ 4134139, VI
- H Parkhotel, Westersingel 70, ✆ 4363611, VI
- H Emma, Nieuwe Binnenweg 6, ✆ 4365533, V
- H New York, Koninginnehoofd 1, ✆ 4390500, V
- H Commerce, Henegouwerplein 56, ✆ 4774800, IV
- H Bienvenue, Spoorsingel 24, ✆ 4669394, III-IV
- H Traverse, 's-Gravendijkwal 72, ✆ 4364040, III
- H Baan, Rochussenstraat 345, ✆ 4770555, III
- H Wilgenhof, Heemraadssingel 92, ✆ 4254892, III
- H Breitner, Breitnerstraat 23, ✆ 4360262, II
- H Heemraad, Heemraadssingel 90, ✆ 4775461, II
- H Holland, Provenierssingel 7, ✆ 4653100, II
- H Rustiek, Virulyplein 10, ✆ 4777400, II
- H Bagatelle, Provenierssingel 26, ✆ 4676348, II
- 🏠 NJHC Stadsherberg Rotterdam, Rochussenstraat 107-109, ✆ 4365763
- ⛺ Stadscamping Rotterdam, Kanaalweg 84, ✆ 4153440 od. 4159772

Schiedam

Vorwahl: 010

- ℹ️ VVV Schiedam, Buitenhovenweg 9, 3133 BC Schiedam, ✆ 4733000

H Novotel Rotterdam/Schiedam, Hargalaan 2, 3118 JA
H Rijnmond, Nieuwlandplein 12, 3119 AH
H Windmill, Vlaardingerdijk 1, ✆ 4267007, II
P 't Fesch Huys, Schoolstraat 15, ✆ 4267534, II

Vlaardingen
Vorwahl: 010
- VVV Vlaardingen, Westhavenkade 39, 3131 AD Vlaardingen, ✆ 4346666
H Delta, Maasboulevard 15, ✆ 4345477, V
H Ibis, Westlandseweg 270, ✆ 4602050, IV-V
H Gril Campanile, Kethelweg 220-222, ✆ 4700322, V
▲ Natuurcamping De Hoogkamer, Van Baerlestraat 252, ✆ 4346811 od. 0174/514793
▲ NIVON-huis De Hoogkamer, Van Baerlestraat 252, ✆ 4346811 od. 0174/514793

Rozenburg
H 't Centrum, Emmastraat 46-48, 3181 GC Rozenburg ZH

Brielle
Vorwahl: 0181
- VVV Brielle, Markt 1, 3231 AH Brielle, ✆ 475345
H Atlas, Nobelstraat 20, ✆ 413455, II
H Bastion, Amer 1, ✆ 416588, IV
H De Zalm, Voorstraat 48, ✆ 413388, IV
▲ De Krabbeplaat, Oude Veerdam 4, ✆ 412363
▲ De Meeuw, Batterijweg 1, ✆ 412777
▲ Kruiningergors, Gorsplein 2, Oostvoorne, ✆ 482311

Maassluis
Vorwahl: 010
- VVV-Info Maassluis, Dr. Kuyperkade 7, 3142 GB Maassluis, ✆ 4346666 (VVV Vlaardingen)
- Info Bed&Breakfast, ✆ 5920295
H Kreta, Wip 1, ✆ 5912323, III-IV
H Piet Hein, Piet Heinstraat 23, ✆ 5916929, III

Hoek van Holland
Vorwahl: 0174
- Stichting Promotie Hoek van Holland, Strandweg 32, 3151 GK Hoek van Holland, ✆ 310080
H America, Rietdijkstraat 94-96, ✆ 382290, V
H Seepaert, Harwichweg 210, ✆ 383331, V
H Noordzee/Fosters Inn, Dirk v/d Burgweg 69, ✆ 382273, IV
H Kuiperduin, Prins Hendrikstraat 193, ✆ 383068, III
P CASA van Rijt van Sprang, Pr. Hendriksstraat 171-175, ✆ 384597, II-III
P B&B 31, Haakweg 31, ✆ 382677, II
P Seinpad, Seinpad 21, ✆ 385652
Pz Van den Ende, Haakweg 31, ✆ 382652
Pz Van de Wel, Jolinkstraat 6b, ✆ 382647
▲ Hoek van Holland, Wierstraat 100, ✆ 382550
▲ NIVON-huis Reitsmahuis, Nieuwlandsedijk 160, ✆ 382560

's-Gravenzande
Vorwahl: 0174

H Ma El Aw, Pruimenlaan 6, 2691 JR 's-Gravenzande
▲ Jagtveld, Nieuwlandsedijk 41, ✆ 413479
▲ Staelduin, Maasdijk 168, 2691 NX

Ter Heijde
H Akkelien Nijdam-Rousseau, Karel Doormanweg 10, 2684 XH Ter Heijde
H Elzenduin, Strandweg 18, 2684 VT Ter Heijde

Monster
Vorwahl: 0174
H Mulder, Rijnweg 52, 2681 SP Monster
H Neeleman, Rozemarijn 15, 2681 ET
H de Winter, Rijnweg 299, 2681 SL
H Van Vliet, Bronckhorst 9, 2681 ND
P Linda, Duinstraat 86, ✆ 0174-242069, V
▲ Molenslag, Molenslag 2, 2681 VP

Kijkduin
Vorwahl: 070
H Atlantic, Deltaplein 200, ✆ 3254025, VI
H Ockenburgh, Monsterseweg 4, ✆ 3970011, III-IV
▲ Ockenburgh, Monsterseweg 4, ✆ 3970011, III-IV

Scheveningen
Vorwahl: 070
- VVV Scheveningen, Gevers Deynootweg 1134, 2586 BX Scheveningen, ✆ 0900/3403505
H Steigenberger Kurhaus, Gevers Deynootplein 30, ✆ 4162636, VI
H Europa, Zwolsestraat 2, ✆ 3512651, VI

H Seabreeze, Gevers Deynootweg 23, ✆ 3524145, V
H City, Renbaanstraat 1-3/17-23, ✆ 3557966, IV
H Boulevard, Seinpostduin 1, ✆ 6540067, IV
H Mimosa, Renbaanstraat 18-24, ✆ 3548137, III
H Sonnenhuys, Renbaanstraat 2, ✆ 3546170, III
H De Stern, Gevers Deynootweg 68, ✆ 3504800
H Bali, Badhuisweg 1, ✆ 2502434, III
H Strandhotel, Zeekant 111, ✆ 3540193, III
▲ Scheveningen, Gevers Deynootweg 2, ✆ 3547003
▲ Maion, Havenkade 3a, ✆ 3543501

Den Haag
Vorwahl: 070
- VVV Den Haag, Koningin Julianaplein 30, 2595 AA Den Haag, ✆ 0900/3403505
H Sofitel Den Haag, Kon. Julianaplein 35, ✆ 3814901, VI
H Zoetermeer, Boerhavelaan Wijk 13, ✆ 0793219228, V
H Petit, Groot Hertoginnelaan 42, ✆ 3465500, V
H Excelsior, Statenlaan 45, ✆ 3541234, IV
H Cattenburch, Laan Copes van Cattenburch 38, ✆ 3522335, III
H Sebel, Zoutmanstraat 40, ✆ 3459200, IV
H Bellevue, Beeklaan 417, ✆ 3605552, IV
H Aristo, Stationsweg 164-166, ✆ 3890847, II
P Flick's Residence, Viviënstraat 50, ✆ 3500255, II-III
P J. C. Sweens, Statenlaan 60, ✆ 3545781, II

🛏 NJHC City Hostel Den Haag, Scheepmakersstraat 27, ✆ 3157888

⛺ Kijkduinpark, Machiel Vrijenkceklaan 450, ✆ 4482100

Rijswijk:
🛏 Jeugdhotel Herberg Vliezicht, Jaagpad 7, Rijswijk, ✆ 015/2157855

Wassenaar
Vorwahl: 070

H Duinoord, Wassenaarseslag 26, ✆ 5119332, IV
H Duinrell Duinhostel, Duinrell 1, ✆ 5155265
⛺ Duinrell, Duinrell 1, ✆ 5155355
⛺ Duinhorst, Buurtweg 135, ✆ 3242270
⛺ Minicamping Maaldrift, Maaldrift 9, ✆ 5113688

Katwijk
Vorwahl: 071

ℹ VVV Katwijk, Vuurbaakplein 11, 2225 JB Katwijk, ✆ 0900/5289250
H Noordzee, Boulvard 72, ✆ 4015742, III-IV
HP Zeezicht, Boulevard 50, ✆ 4014055, II-III
HP van Beelen, Kon. Wilheminastraat 10-12, ✆ 4073333, II
P Seahorse, Boulevard 14, ✆ 4015921, II-III
⛺ De Noordduinen, Campingweg 1, ✆ 4025295
⛺ De Zuidduinen, Zuidduinseweg 1, ✆ 4014750

Rijnsburg
Vorwahl: 071

H den Hollander, Sandtlaan 21, 2231 CB Rijnsburg
⛺ Koningshof, Elsgeesterweg 8, ✆ 4026051

Noordwijk
Vorwahl: 071

ℹ VVV Noordwijk, De Grent 8, 2202 EK Noordwijk, ✆ 0900/2020404
H Oranje, Kon. Wilhelmina Boulevard 20, ✆ 3676869, VI
H Marie Rose, Emmaweg 25, ✆ 3617300, V
H Op de Hoogte, Prins Hendrikweg 19, ✆ 3612489, IV
H Zonne, Rembrandtweg 12, ✆ 3619600, V
H Belvedere, Beethovenweg 5, ✆ 3612929, IV
H Astoria, Emmaweg 13, ✆ 3610014, IV
H Duinlust, Koepelweg 1, ✆ 3612916, II
H Mitekbi, Quarles van Uffordstraat 84, ✆ 3613269, II
H Sonnevlanck, Kon. Astridboulevard 50, ✆ 3612359, IV
🛏 NJHC Herberg De Duinark, Langevelderlaan 45, ✆ 0252/372920
⛺ De Wulp, Kraaierslaan 25, ✆ 0252/372826
⛺ Duinrust, Randweg 6, ✆ 0252/372425
⛺ De Duinpan, Duindamseweg 6, ✆ 0252/371726
⛺ Jan de Wit, Kapellebosslaan 10, ✆ 0252/372485
⛺ De Carlton, Kraaierslaan 13, ✆ 0252/372783
⛺ Club Soleil, Kraaierslaan 7, ✆ 0252/374225
⛺ Le Parage, Langevelderlaan 43, ✆ 0252/375671

Noordwijkerhout
Vorwahl: 0252

ℹ VVV Noordwijkerhout, Dorpsstraat 10, 2211 GC Noordwijkerhout, ✆ 37 20 96
H d' Soete Inval, 's-Gravendamseweg 43, 2211 WH
H van der Geest, Zeestraat 7a, 2211 XA
⛺ Sollasi, Duinschoten 14, ✆ 376437

Ruigenhoek
Vorwahl: 0252

⛺ De Ruigenhoek, Vogelaardreef 31, ✆ 375002

Zandvoort
Vorwahl: 023

ℹ VVV Zandvoort, Schoolplein 1, 2042 VD, ✆ 5717947
H Golden Tulip, Burg. van Alphenstraat 63, ✆ 5760760, VI
H Palace, Burg. van Fenemaplein 2, ✆ 5712911, V-VI
H Strandhotel, Trompstraat 1, ✆ 5741100, V-VI
H De Zandloper-Majestic, Hogeweg 19, ✆ 5712375, IV-V
H Triton, Zuiderstraat 3, ✆ 5719105, IV-V
H Zuiderbad, Boul. Paulus Loot 5, ✆ 5719198 od. 5712613, IV-V
H Hoogland, Westerparkstraat 5, ✆ 5715541, III-V
H De Blauwe Reiger, Brederodestraat 24, ✆ 5730762, V
H Amare, Hogeweg 70, ✆ 5712202, III-IV
H Anna, Hogeweg 5, ✆ 5714674, III-IV
H Bad Zandvoort, Thorbeckestraat 23, ✆ 5713520, III-IV

H Faber, Kostverlorenstraat 15, ✆ 5712825, III-IV
H Interlaken, Van Speijkstraat 20, ✆ 5712966, III-IV
H Jade, Haltestraat 79, ✆ 5718739, III-IV
H Keur, Zeestraat 51, ✆ 5712023, III-IV
H Cocarde, Hogeweg 39, ✆ 5716855, II-IV
H Doppenberg, Hogeweg 34, ✆ 5713466, II-IV
H Arosa, Hogeweg 48, ✆ 5713187, II-IV
H Bell Hotel, Hogeweg 7-9, ✆ 5719000, II-IV
H Zilvermeeuw, Hogeweg 32, ✆ 5717286, III
H Feikje, Haltestraat 77, ✆ 5713870, III
H Noordzee, Hogeweg 15, ✆ 5713127, I-II ✗
P Banning, Brederodestraat 61, ✆ 5719811, III-V
P Aquarium, Koniginneweg 43, ✆ 5716711, II-IV
P Berenburcht, Brederodestraat 43, ✆ 5731388, II-IV
P Eden, Paradijsweg 18, ✆ 5713197, II-IV
P 't Zwanennest, Brederodestraat 87, ✆ 5716457, II-IV
P Amanda, Jan Snijerplein 7, ✆ 5718612, II-III
P hotel 't Haarlemsche, Middenweg 26, ✆ 5272833, II-III
P Schier, Hogeweg 45, ✆ 5719541, II-III
P Sil, Oosterparkstraat 9, ✆ 5713469, II-III
P The Spring, Oranjestraat 18, ✆ 5719050, II-III
P Van Leeuwen, Brederodestraat 56, ✆ 5730615, II-III
P Welsink, Brederodestraat 75, ✆ 5719230, II-III
P Zee en Duinzicht, Marisstraat 11, ✆ 5719650, II-III
P Lijesen, Louis Davidsstraat 15, ✆ 5716920, II
P Stiwa, Oosterparkstraat 17, ✆ 5716017, II

P De Watertoren, Thorbeckestraat 38, ✆ 5730457, II
P Het Grote Huis, Brederodestraat 44, ✆ 5718683, I-II
▲ De Branding, Boulevard Barnaart 30, ✆ 5713035
▲ De Duinrand, Boulevard Barnaart 68, ✆ 5712412

Bloemendaal
Vorwahl: 023
H Residence Bloemendaal aan Zee, Zeeweg 100-110, ✆ 5732160, VI
H Villa Imhof, Bloemdaalseweg 165, ✆ 5253643, V
▲ Bloemendaal, Zeeweg 72, ✆ 5732178
▲ De Lakens, Zeeweg 60, ✆ 5732266

Overveen
Vorwahl: 023
H Roozendaal, Bloemendaalseweg 260, ✆ 5277457, IV
▲ Duincamping „de Lakens", Zeeweg 60, 2051 EC

Haarlem
Vorwahl: 023
ℹ VVV Haarlem, Stationsplein 1, 2011 LR, ✆ 0900/6161600
H Carlton Square, Baan 7, ✆ 5319091, VI
H Lion d'Or, Kruisweg 34-36, ✆ 5321750, VI
H Haarlem-Zuid, Toekanweg 2, ✆ 5367500, V-VI
H Grand Café Charlie, Botermarkt 7, ✆ 5346615, IV-VI
H Joops Innercity, Oude Groenmarkt 20, ✆ 5322008, III-VI
H Bastion Haarlem-Velsen, Vlietweg 20, ✆ 5387474, V

H Haarlemmerliede De Zoete Inval, Haarlemmerstraatweg 183, ✆ 5433333, V
H Amadeus, Grote Markt 10, ✆ 5324530, IV
H Carillon, Grote Markt 27, ✆ 5310591, IV
H Die Raeckse, Raaks 1-3, ✆ 5326629, IV
H Indrapoera, Kruisweg 18-20, ✆ 5320393, IV
🏠 NJHC Herberg Haarlem, Jan Gijzenpad 3, ✆ 5373793, II
▲ De Liede, Lie Oever 68, ✆ 5358666

Santpoort
H Bastion Hotel Haarlem/Velsen, Vlietweg 20, 2071 KW Santpoort Noord
H de Weyman, Hoofdstraat 248, 2071 EP

Velsen-Zuid
Vorwahl: 023
H Spaarnwoude Resort, Oostbroekerweg 17, ✆ 5370548, IV
▲ Natuurkampeerterrein Schoonenberg, Driehuizerkerkweg 15d, ✆ 523998
▲ Weltreveden, Buitenhuizerweg 2, ✆ 023/5383726

IJmuiden
Vorwahl: 0255
ℹ VVV IJmuiden, Zeeweg 189-191, ✆ 515611
H Seaport Beach, Kennemerboulevard 250, ✆ 566999, VI
H Augusta, Oranjestraat 98, ✆ 514217, V-VI

H Kennemerhof, Kennemerlaan 116-118, ✆ 515368, III-IV
H Royal, Houtmanstraat 2-4, 1972 EE
P De Jonge Visser, Julianakade 72, ✆ 512252, II-III 🏴
▲ De Duindoorn, Badweg 40, ✆ 510773

Velsen-Noord
H Herberg IJmond, Wijkerstraatweg 216, 1951 EM Velsen Noord

Wijk aan Zee
Vorwahl: 0251
ℹ VVV Wijk aan Zee, Julianaplein 3, ✆ 374253
H Residentie Zeeduin, Relweg 59, ✆ 376161, V-VI
H De Wijck, Van Ogtropweg 12, ✆ 374350, IV
H De Klughte, Van Ogtropweg 2, ✆ 374304, III
H Mare Sanat, Rijkert Aertzsweg 8, ✆ 374364, II
H Banjaert, Burg. Rothestraat 53a, ✆ 374250
🏠 NIVON-huis Banjaert, Burg. Rothestraat 53a, ✆ 374318

Heemskerk
Vorwahl: 0251
🏠 NJHC Herberg Slot Assumburg, Tolweg 9, ✆ 232288
▲ Natuurkampeerterrein De Berenweide, Oudendijk, 1969 MN

Limmen
▲ Limmen, Hogeweg bei Nr. 181

Castricum
Vorwahl: 0251
ℹ VVV Castricum, Dorpstraat 54, 1901 EM, ✆ 652009
H Borst, Van Oldebarneveltweg 25, ✆ 652204
▲ Geversduin, Beverwijkerstraatweg 205, ✆ 662236

Bakkum
Vorwahl: 0251
▲ Bakkum, Zeeweg 31, ✆ 662221
🏠 NJHC Herberg Koningsbosch, Heereweg 84, ✆ 652226

Egmond-Binnen
Vorwahl: 072
🏠 NJHC Herberg Klein Rinnegom, Herenweg 118, ✆ 5062269

Heiloo
Vorwahl: 072
H Heiloo, Kennemerstraatweg 425, 1851 PD Heiloo, ✆ 5052244
▲ Klein Varnebroek, De Omloop 22, ✆ 5331627

Egmond aan Zee
Vorwahl: 072
ℹ VVV Egmond aan Zee, Voorstraat 82a, 1931 AN, Egmond aan Zee, ✆ 5813100
H Best Western Hotel Bellevue, Boulevard A7, 1931 CJ, ✆ 5061025, V
H De Dennen, Pastoor van Kleefstr. 23, ✆ 5061855, V

H De Boei, Westeinde 2, ☎ 7502100, V
H Golfzang, Blvd Ir. de Vassy 19-21, ☎ 5061516, V
H Neptunus, Zeeweg 42, ☎ 5062180
H Zuiderduin, Zeeweg 52, ☎ 7502000, VI
H Sonnevanck, Wilhelminastraat 114-116, ☎ 5061589, IV
H Sunny Home, Parallelweg 2-3, ☎ 5061368, IV-V
P Egmondia, Wilhelminastraat 25C, 1931 BM, ☎ 5061503, III
P De Vassy, Blvd Ir. de Vassy 3, ☎ 5061573, V
P Vureboetsduin, Vuurtorenplein 1, ☎ 5064708, V
P Aloha, Marshallstraat 95, ☎ 5063161, IV
P Neptunus, Zeeweg 42, ☎ 5062180, IV
P Sonnevanck, Wilhelminastr. 114-116, ☎ 5061589, IV
△ Kustpark Egmond aan Zee, Nollenweg 1, ☎ 5061702

Egmond aan den Hoef
Vorwahl: 072
P De Bikkerij, Egmoinderstr.weg 34, ☎ 5065577, IV
△ De Woudhoeve, Driehuizerweg 1, ☎ 5069555

Bergen aan Zee
Vorwahl: 072
H Victoria, Zeeweg 33, ☎ 5812358, V-VI
H Nassau Bergen, Van der Vickplein 4, ☎ 5897541, V
H Sonneduyn, Julianalaan 3, ☎ 5812675, V
H Meyer, Jacob Kalffweg 4, ☎ 5812488, V
H Prins Maurits, Van Hasselstweg 7, ☎ 5812364, V

H Rasch, Zeeweg 2, ☎ 5813094, III
H De Dennen, Parkweg 12, ☎ 5897205, IV-V
P Canberra, Paulineweg 6, ☎ 5894473, III
P Huize Bergen aan Zee, Paulineweg 9, ☎ 5814011, III
P Huize Glory, Elzenlaan 2, ☎ 5813741, IV
P Het Anker, Van Hasseltweg 12, ☎ 5895006, III
ℹ NIVON-huis Het Zeehuis, Verspijckweg 5, ☎ 5813090

Alkmaar
Vorwahl: 072
ℹ VVV Alkmaar, Waagplein 2, 1811 JP, ☎ 5114284
H Best WesternAmrath Hotel Alkmaar, Geestersingel 15, ☎ 5186186, VI
H Golden Tulip, Arcadialaan 6, ☎ 5401414, V
H De Palatijn, Dillenburgstraat 1, ☎ 5142828, VI
H Stad en Land, Stationsweg 92-94, ☎ 5123911, V
P Onassis, Varnebroek 37, ☎ 5203788, IV-V
△ Alkmaar, Bergerweg 201, ☎ 5116924

Bergen-Binnen
Vorwahl: 072
ℹ VVV Bergen - Schoorl, Plein 1, 1861 JX Bergen NH, ☎ 5813100
H Best Western Marijke, Dorpsstraat 23-25, ☎ 5812381, V-VI
H Duinpost, Kerkelaan 5, ☎ 5812150, IV-V
H Parkhotel, Breelaan 19, ☎ 5897867
H Villa Prinsenhof, Prisesselaan 50, ☎ 5897341, VI

H Zee Bergen, Wilhelminalaan 11, ☎ 5897241, V
H Bergen, Bergerweg 25, ☎ 5894902, V
H Breeburgh, Breelaan 22, ☎ 5813012, IV-V
H Villa Parkzicht, Breelaan 24, ☎ 5894600, IV
H De Waag, Beemsterlaan 2, ☎ 5813070, IV
H Hotel 1900, Russenweg 3, ☎ 5812771, V
H Blooming hotel, Duinweg 5, ☎ 5820520,V
H Boschlust, Kruisweg 60, ☎ 5812060,IV
H Simmerwille, Vinkenbaan 8, ☎ 5812333,IV

Schoorl
Vorwahl: 072
ℹ VVV Schoorl-Groet-Camperduin, Duinvoetweg 1, 1871 EA, ☎ 5813100
H Strandhotel Camperduin, Hereweg 395, ☎ 5091436, IV
H De Viersprong, Laanweg 1, ☎ 5091218, V
H Golden Tulip Jan van Scorel, Hereweg 89, ☎ 5094444, V
H Merlet, Duinweg 15, ☎ 5093644, VI
P De Herberg, Hereweg 30, ☎ 5091617, IV
P 't Strooie Huis, Burg. Pecklaan 11, ☎ 5091260, IV
△ Buitenduin, Molenweg 15, ☎ 5091820
△ Het Lange Veld, Oostgrasdijk 1, ☎ 5091759

Petten
Vorwahl: 0226
ℹ VVV Petten, Zijperweg 1A, 1755 NZ Petten, ☎ 381352

H Petten aan Zee, Singel 33, ☎ 381405
△ Corfwater, Strandweg 3, ☎ 381981
△ De Watersnip,Pettemerweg 4, ☎ 381432

Sint Maartenszee
Vorwahl: 0224
△ Brouwer, Westerduinweg 34, ☎ 563109
△ De Lepelaar, Westerduinweg 15, ☎ 561351
△ De Golfzang, Belkmerweg 79A, ☎ 562905
△ Sint Maartenszee, Westerduinweg 30, ☎ 561401

Sint Maartensvlotbrug
Vorwahl: 0224
H 't Karrespoor, Rijksweg 39, 1753 EC, ☎ 561237
△ 't Ruige Veld, Ruige Weg 49, ☎ 561291

Sint Maartensbrug
Vorwahl: 0224
H De Olifant, Grote Sloot 235, ☎ 561921

Sint Maarten
Vorwahl: 0224
△ De Wielen, Killemerweg 2, ☎ 561018

't Zand
Vorwahl: 0224
△ Kees en Trijnje, Bosweg 48, ☎ 571281

De Haukus-Westerland
Vorwahl: 0227
△ Zeezicht v. o. f., Dam 1, ☎ 591423
△ Waddenzee, Westerlanderweg 43, ☎ 591431
△ De Torenhoeve, Dam 7, ☎ 593938

Hippolytushoef
Vorwahl: 0227

▲ 't Wiringherlant, Noordstroeërweg 5, ✆ 511423

Den Oever
Vorwahl: 0227

🛈 VVV Den Oever, Havenweg 1, 1779 XT, ✆ 592320
H Den Oever, Oeverdijk 4, ✆ 511205, VI
H De Waddenzee, Voorstraat 5-7 ✆ 511664
▲ Robbenoord, Noorderdijkweg, ✆ 604179
▲ De Gest, Gester Weg 17, ✆ 511283
▲ Stroe Oosterland

Cornwerd / Koarnwert
Vorwahl: 0515

▲ Minicamping Sotterum, Sotterumerdijk 11, ✆ 231573

Makkum
Vorwahl: 0515

🛈 VVV Makkum — Wûnseradiel, Pruikmakershoek 2, 8743 ET Makkum, ✆ 231422
H De Waag, Markt 13, ✆ 231447, II-V
H De Prins, Kerkstraat 1, ✆ 231510, V
H De Vigilante, De Holle Poorte 10, ✆ 238222, IV-V
P Maritiem, Ds. L. Touwenlaan 5, ✆ 232468, V
P Veneman, Botterstraat 45, ✆ 231805, V
P 't Vallaat, Vallaat 30, ✆ 231858, IV
P N. Laansma, Houtmolen 9, ✆ 232427, II
Pz Bakker, Tichelwerk 6, 8754 CB, I

Pz Elsings-Postuma, Houtmolen 9, ✆ 232139, I
Pz Laansma, Houtmolen 9, ✆ 232427, I
Pz van der Meer, Achterdijkje 13, ✆ 232256, I
Pz Posthuma de Boer, Turfmarkt 29, ✆ 231957, I
Pz Pijlman-Bergsma, Missenstraat 1, ✆ 231455, I
Pz Spoelstra, De Wijting 26, ✆ 232531, I
Pz Tabak-Donker, Buren 4, ✆ 232203, I
▲ De Holle Poarte, De Holle Poarte 2, ✆ 231344

Zurich / Surch
Vorwahl: 0517

H De Steenen Man, Caspar de Roblesdijk 26, ✆ 579282, II

Pingjum
Vorwahl: 0517

▲ Minicamping Hilarides, Buitendijk 6, ✆ 579226

Kimswerd / Kimswert
Vorwahl: 0517

Bh Popta-Zathe, N. Wiersma, Kimswerderlaan 6, ✆ 641205, II
▲ Popta-Zathe, N. Wiersma, Kimswerderlaan 6, ✆ 641205, II

Harlingen / Haarls
Vorwahl: 0517

🛈 VVV Harlingen, Voorstraat 34, 8861 BL Harlingen, ✆ 0900/9191999
H Vuurtoren van Harlingen, Voorstraat 34, ✆ 415911, VI

H Zeezicht, Zuiderhaven 1, ✆ 412536, IV
H 't Heerenlogement, Franekereind 23, ✆ 415846, II-IV
H De Zeehoeve, Westerzeedijk 45, ✆ 413465, III
H Anna Casparii, Noorderhaven 67-71, ✆ 412065, II-III
H Central, Brouwersstraat 12, ✆ 412200
P Stadslogement Almenum, Kruisstraat 8-14, ✆ 417706, V
▲ De Zeehoeve, Westerzeedijk 45, ✆ 413465, III

Callantsoog
Vorwahl: 0224

🛈 VVV Callantsoog, Jewelweg 8, 1759 HA Callantsoog, ✆ 581541
H Strandhotel De Horn, Previnairenweg 4a, ✆ 581242
H Tulip Inn, Abbesterderweg 26, ✆ 582222
H 't Zwaantje, Duinroosweg 36, ✆ 581477, II-III
▲ Tempelhof, Westerweg 2, ✆ 581522
▲ Luttick Duin, Kruisweg 3, ✆ 581224
▲ Trekkershonk, Abbesterderweg 29, ✆ 581972
▲ Klein Begin, Abbesterderweg 31, ✆ 581277
▲ De Nollen, Westerweg 8, ✆ 581281

Groote Keeten
Vorwahl: 0224

P De Bocht, Duinweg 18, ✆ 581380, II-III
▲ Callassande, Voorweg 5a, ✆ 581663

Julianadorp
Vorwahl: 0223

🛈 VVV Julianadorp, Van Foreestweg 37, 1788 BN, ✆ 645662
Pz Oud, Mr. J. Henderikstraat 67, ✆ 643311, III
Pz Tesselaar, Wierbalg 1605, ✆ 645550, III
Pz Zeeman, Schoolweg 34, ✆ 641443, III
Pz Mevr. B. Sandhu-Rienstra, Malzwin 1207, ✆ 645038, III
▲ Noorder Sandt, Noorder Sandt 2, ✆ 641266
▲ De Zwaluw, Zanddijk17, ✆ 641492

Den Helder
Vorwahl: 0223

🛈 VVV Den Helder, Bernhardplein 18, 1781 HH, ✆ 625544
H Forest Hotel, Julianaplein 43, ✆ 614858, VI
H Wienerhof, Parallelweg 7, ✆ 616895, VI
H Le Saillant, Weststraat 83, ✆ 610212, IV-V
H Woud, Binnenhaven 7, ✆ 613473, IV-V
H Den Helder, Marsdiepstraat 2, ✆ 622333, V-VI
H Cape Horn, Zuidstraat 82-83, ✆ 613178, III-V
H The Baron Crown, Duinweg 34, ✆ 628049, V-VI
H Zeeduin, Kijkduinlaan 7, ✆ 617269, III-V
H Beatrix Hotel, Badhuisstraat 2-10, ✆ 624000, VI
H Appartments Bosch Duin Strand, Jan Verfailleweg 622a, ✆ 06-53948372, V-VI
H Bloemenlust, Burg. Lovinkstraat 3, ✆ 521293, IV-V
Pz Uit 't Zicht, H.W. Mesdagstraat 22, ✆ 627466, III
Pz Van den Laan, H. de Grootstraat 14, ✆ 621179, III

Pz Van de Geyn, Barkstraat 2b, ☏ 635795, III
Pz Kamerling, Polderweg 106, ☏ 622809, III
Pz Dhr. Groeneweg, Goudenregenstraat 82, ☏ 625705, II
Pz Dhr. Van Splunter, Lombokstraat 3, ☏ 522089, II
△ De Donkere Duinen, Jan Verfailleweg 616, ☏ 614731

Texel
Vorwahl: 0222
ℹ️ VVV Texel-Den Burg, Emmalaan 66, 1791 AV Den Burg, ☏ 314751

Den Hoorn:
H Op Diek, Diek 10, ☏ 319262, III
H Culinaire Verwennerij Bij Jef, Herenstraat 34, ☏ 319423, III
△ Loodsmansduin, Rommelpad 19, ☏ 319203

Den Burg:
H De Lindeboom Texel, Groeneplaats 14, ☏ 312041, IV
H Den Burg, Emmalaan 2, ☏ 312106, IV
H De Smulpot, Binnenburg 5, ☏ 312756, V
H Koogerend, Kogerstraat 94, ☏ 313301, III
HP Brasserie Den Burg, Emmalaan 4, ☏ 312106, III
🛏️ Gruppenunterkunft De Merel, Warmoesstraat 22, ☏ 313202
🛏️ Stayokay Texel, Haffelderweg 29, ☏ 315441
🛏️ Gruppenunterkunft Bloem en Bos, Gerritslanderdijkje 2, ☏ 312216, I

De Koog:
H De Strandplevier, Dorpsstraat 191, ☏ 317348, III
H 't Jachthuis, Boodtlaan 38, ☏ 317758, III
H Opduin, Ruyslaan 22, ☏ 317445, VI
H Beatrix, Kamerstraat 45, ☏ 317207, III
H Tatenhove, Bosrandweg 202, ☏ 317274, III
🛏️ Jeugdhotel De Zilvermeeuw, Randweg 1-3, ☏ 317339, I
△ Minicamping Astrid, Ruigendijk 16, ☏ 317626
△ Minicamping Texion, Ruigendijk 22, ☏ 327124
△ Kogerstrand, Badweg 33, ☏ 317208
△ De Shelter, Boodtlaan 43, ☏ 317475
△ Om de Noord, Boodtlaan 80, ☏ 317377
△ De Luwe Boshoek, Kamperfoelieweg 3, ☏ 317390
Bungalows Kustpark Texel, Bosrandweg 395, ☏ 317290

△ De Bremakker, Tempeliersweg 40, ☏ 312863
△ 't Woutershok, Rozendijk 38, ☏ 313080
△ De Koorn Aar, Grensweg 388, ☏ 312931

De Waal:
H de Weal, Hogereind 28, 1793 AH De Waal
H Rebecca, Hogereind 39, 1793 AE
△ Minicamping Ora et Labora, Zaandammerdijk 2, ☏ 318573

Oosterend:
H Prins Hendrik, Stuifweg 13, 1794 HA Oosterend NH
△ Minicamping 't Riemke, Eendenkooiweg 2, ☏ 318637

De Cocksdorp:
H Molenbos, Postweg 224-226, ☏ 316476, V
H 't Anker, Kikkertstraat 24, ☏ 316274, IV-V
H Texel, Postweg 134, ☏ 311237, IV
△ De Robbenjager, Vuurtorenweg 146, ☏ 316258
△ De Sluftervallei, Krimweg 102, ☏ 316214
△ De Krim, Roggeslootweg 6, ☏ 390111

Vlieland
Vorwahl: 0562
ℹ️ VVV Vlieland, Havenweg 10, 8899 BB Vlieland, ☏ 451111
H De Kluut, Berkenlaan 18, ☏ 451408, V
H Strandhotel Seeduyn, Badweg 3, ☏ 451560 od. 451577, V-VI
H De Wadden, Dorpsstraat 61, ☏ 452246, VI
H Badhotel Bruin, Dorpsstraat 88, ☏ 452800, V
H De Herbergh van Flielant, Dorpsstraat 105, ☏ 451400, III
Stortemelk, Kampweg 1, ☏ 451225
△ De Lange Paal, Postweg 1a, ☏ 451639

Sexbierum
HP De Harmonie, Kade 13, ☏ 591476, II

Franeker / Frentsjer
Vorwahl: 0517
ℹ️ VVV-agentschap Franeker, Voorstraat 49-51, 8801 LA Franeker, ☏ 0900/9222
H De Valk, Hertog van Saxenlaan 78, ☏ 398000, V

H De Stadsherberg, Oud Kaatsveld 8, ☏ 392686, IV
H De Bleek, Stationsweg 1, ☏ 392124, III
H De Doelen, Breedeplaats 6, ☏ 392261, III
△ Bloemketerp, Burg. J. Dijkstraweg 3, ☏ 395099

Tzummarum / Tjummarum
Vorwahl: 0518
P Poortstra, Kleasterwei 18, ☏ 481245, II 🅿️
P Op 'e Hegesyl, J. Anema, Hegesylsterwei 9, ☏ 481437, II
△ Op 'e Hegesyl, Hegesylsterwei 9, ☏ 481437
△ Barredeel, Buorren 43, ☏ 481600

Sint Jacobiparochie
Vorwahl: 0518
P Jacobshoeve, D. Pauzenga, Westeinde 10, ☏ 491057, II
P Petersen, Oudebildtdijk 870, ☏ 491698, II
△ Minicamping 't Kaatsgat, Oudebildtdijk 652, ☏ 401284

Sint Annaparochie
Vorwahl: 0518
ℹ️ VVV-agentschap Sint Annaparochie, van Harenstraat 60, ☏ 402633
△ De Noordster, Nieuwe Bildtdijk 289, ☏ 403040
△ Minicamping De Blikvaart, Hemmemaweg 12, ☏ 461260

Vrouwenparochie
△ De Roos, Leyester Hegedyk 74, 9077 TV Vrouwenparochie

allum
rwahl: 0518
Bierma-Hoogland, Marieëngaarderweg 15, ✆ 431253, II

arrum
rwahl: 0518
Kabinet Hendrik Beekman, Kerkpad 10, ✆ 412753, II

ogebeintum / Hegebeintum
rwahl: 0518
VVV Hegebeintum, Pypkedyk 4, ✆ 411783
n Hoogland, Elingawei 13, ✆ 411508, II

okkum
rwahl: 0519
VVV Dokkum – Lauwersland, Op de Fetze 13 (Postbus 195), 9100 AD Dokkum, ✆ 293800
De Abdij van Dokkum, Markt 30-32, ✆ 220422, V-VI
De Posthoorn, Diepswal 21, ✆ 293500, IV
't Raedhus, Koningstraat 1, ✆ 294082, II
Van der Meer, Woudweg 1, ✆ 292380, II-III
z Thiescheffer, Stationsweg 78, ✆ 293582, II
z v. d. Gang, Hogedijken 3, ✆ 293038, II
Harddraverspark, Harddraversdijk 1a, ✆ 294445

olwerd
rwahl: 0519
Het Amelander Veerhuis, Leeuwaarderweg 5, ✆ 561207, II-III

H de Gouden Klok, Voorstraat 6, 9151 HE, ✆ 561552, III-V
De Dobbe, Keegstraat 1A, ✆ 06/12827931

Ternaard
Vorwahl: 0519
H Herberg de Waard van Ternaard, De Groedse 3, ✆ 571846
Het Groene Hart van Ternaard, Raadhuisstraat 37, ✆ 571871

Wierum
Vorwahl: 0519
P 't Sloepke, Pastoriestrjitte 1, ✆ 589727, I-II

Moddergat / Paesens
Vorwahl: 0519
P Meinsma, Meinsmaweg 5, ✆ 589396, II-III
P Lytshuis Zilver, Mounewei 1, ✆ 589014, V

Anjum
Vorwahl: 0519
VVV-agentschap Anjum, Mounebuorren 18, 9133 MB Anjum, ✆ 321926
H Lauwersmeer, De Singel 5, ✆ 321201, II
Bh Boerderij Pension, Skanserwei 5, ✆ 321295, II

Lauwersoog
Vorwahl: 0519
Lauwersoog, Strandweg 5, ✆ 349133

Vierhuizen
Vorwahl: 0595

De Lauwerszee, Hoofdstraat 49, ✆ 401657
Robersum, Panserweg 5, ✆ 402613

Zoutkamp – Lauwerszijl
Vorwahl: 0595
VVV Lauwersland-Zoutkamp, Reitdiepskade 11, 9974 PG Zoutkamp, ✆ 401957
H 't Reitdiep, Dorpsplein 1, ✆ 402426, III
De Rousant, Nittersweg 8, ✆ 402033 od. 402500

Ulrum
De Watergeuzen, Brugweg 12, ✆ 405064

Leens
Vorwahl: 0595
H Mercurius, Zuster A. Westerhofstraat 1, 9965 PH
H De Leenster Terp, Wilhelminastraat 8, ✆ 571439, III
Gh Fam. Peters, `t Stort 10, ✆ 572450

Kloosterburen
Vorwahl: 0595
H Het Klooster, Damsterweg 8, ✆ 481159, VI
P Voormalig Raadhuis, Hoofdstraat 14, ✆ 481969, II
P Scholtens, Hoofdstraat 42, ✆ 481376, I
De Horizon, Haven 32-34, ✆ 481980

Pieterburen
Vorwahl: 0595
VVV-agentschap Pieterburen, Het Waddencentrum, Hoofdstraat 83, 9968 AB Pieterburen, ✆ 528522
H Het Wapen van Hunsingo, Hoofdstraat 82, ✆ 528203, III

P De Broekstermaar, Broeksterkleiweg 3, ✆ 481632, IV (Pronkkamer)
P van der Veen, Hoofdstraat 11, ✆ 528665, I
P Broekema, Hoofdstraat 171, ✆ 528271, I
P Hommes, Oude Zeedijk 4, ✆ 528287, II
P 't Wad, Hoofdstraat 73, ✆ 528614, I
P Klein Deikum, K. van Hoorn, Wierhuisterweg 63, ✆ 528221, II
Boet'n toen, Hoofdstraat 68, ✆ 528616

Westernieland
Vorwahl: 0595
H De Oude Smidse, D. Wierengastraat 36, ✆ 528620, III
P Boerderij Zijlbrugge, Westnielandsterweg 18, ✆ 528315, III
Tini, Valgeweg 8, ✆ 528253

Den Andel
Vorwahl: 0595
P Fam. Spoelder, Oude Dijk 16, ✆ 425617, II
P Hinke's theetuin, Oude Dijk 33, ✆ 425668, II
P Selhuizen, Oude Dijk 30, ✆ 422156

Warffum
Vorwahl: 0595
VVV-agentschap Warffum, Schoolstraat 4, ✆ 425245
P Zuiderhorn, Onderdendamsterweg 2, ✆ 423243, III (Pronkkamer)

P Stee en Stoefje, Torenweg 23a, ✆ 422640

P Witkokken, Helpman 24, ✆ 42269

P Witteveen-Volkooy, de Potten 6, ✆ 425123

▲ De Breede, Breede 5, ✆ 424642

▲ Zuiderhorn, Onderendamsterweg 2, ✆ 423243, III ⚡ (Pronkkamer)

Usquert
Vorwahl: 0595

P Huis te Usquert, Kerkstraat 8, ✆ 422468 (Pronkkamer)

P Dusseldorp ten Kate, Wadwerderweg 68, ✆ 422468, ⚡

P Het gemeentelijk verzorgingsgest cht, zijlsterweg 17, ✆ 422741

▲ kostenloses Camping bei Noordpolderzijl nach Absprache erlaubt

Uithuizen
Vorwahl: 0595

ℹ VVV Waddenkust Noord-Groningen, Mennonietenkerkstraat 13 (Postbus 48), 9980 AA Uithuizen, ✆ 434051

H Het Gemeentehuis, Hoofdstraat Oost 16, ✆ 431711, III

P de Boer, Hoofdstraat Oost 13, ✆ 432406, III ⚡

P van Breugel, Oosterstationsstraat 26, ✆ 433540, II ⚡

▲ Maarlandhoeve, Havenweg 54, ✆ 433473

▲ Camping en Natuurkampeerterrein Maarlandhoeve, Havenweg 54, 9981 JR

Uithuizermeeden
Vorwahl: 0595

P Oudheidskamer, Stationsstraad 18, ✆ 412178

P ▲ Lentemaheerd, A. Oosting, Schapeweg 21, ✆ 415472, II

Spijk
Vorwahl: 0596

P Knook, Lg. Trynweg 40, ✆ 591465, II ⚡

Bierum
Vorwahl: 0596

▲ Nieuwstad, Nieuwstad 9, ✆ 592270

Appingedam
Vorwahl: 0595

ℹ VVV/ANWB Appingedam, Wijkstraat 38, 9901 AJ Appingedam, ✆ 620300

H Landgoed Ekenstein, Alberdaweg 70, ✆ 628528, V

H Het Wapen van Leiden, Wijkstraat 44, ✆ 622963, IV

P Kersten, Stationsweg 16a, ✆ 628882, II ⚡

▲ Ekenstein, Alberdaweg 58, ✆ 0596/624467

Delfzijl
Vorwahl: 0596

ℹ VVV Delfzijl, Johan v. d. Kornputplein 1a, 9934 EA Delfzijl, ✆ 618104

H Du Bastion, Waterstraat 74-78, ✆ 618771, III

H Eemshotel, Zeebadweg 2, ✆ 612636, V

P Kuipers, Rijksweg 15, ✆ 612589

P Van den Ouden-Lindenburg, Heerd 35, ✆ 626907, II ⚡

Hg AquariOm, Zeebadweg 6, ✆ 612318, II

Termunterzijl
Vorwahl: 0596

P 't Viskerhoes, Mello Koendersbuurt 27, 9948 PM Termunterzijl, ✆ 601863 o. 0623673483, II ⚡

▲ Zeestrand Eems-Dollard, Schepperbuurt 4a, ✆ 601443

Woldendorp
Vorwahl: 0596

H Wilhelmina, A. E. Gorterweg 1, ✆ 601641, III

Wagenborgen
Vorwahl: 0596

P Klaver Vier, Hoofdweg 48, ✆ 541543, II

▲ Proostmeer, De Elzen 1, ✆ 542992

▲ Klein Finland, Boslaan 7, ✆ 542573

Nieuwolda
Vorwahl: 0596

HP Westeind, Hoofdweg West 28, ✆ 541104, II

P Sandroen, Hamrikkerstraat 20, ✆ 541564, II

P van 't Westeinde, Kerkelaan 1, ✆ 541670

▲ Charleston, Hoofdweg West 25, ✆ 541941

▲ Kopaf, Kopaf 5, ✆ 542340

▲ De Boskamp, Dok 3, p/a postbus 8, ✆ 541591

Midwolda
Vorwahl: 0597

Pz Brodie, Hoofdweg 169, ✆ 552455

▲ De Kolk, Hoofdweg 191, ✆ 551257

▲ De Bouwte, Hoofdweg 20a, ✆ 591706

Nieuw-Beerta
Vorwahl: 0597

▲ Nieuw Land, Oostlaan 1, ✆ 521448

Nieuweschans
Vorwahl: 0597

H Fontana, Weg naar de Bron 7, ✆ 527777, V

H Leeuwerik, Oudezijl 2, ✆ 521282, II-III

H Luime, Hamdijk 5, ✆ 522217

H Motel Paradiso, Achterweg 58, ✆ 521409, II

H Kuurmotel Metta, Voorstraat 1, ✆ 06/55933808

▲ Holland Poort, Mettingstraat 18, ✆ 521603

Bunde (D)
PLZ: 26831; Vorwahl: 04953

ℹ Verkehrsbüro, Kirchring 2, ✆ 80947

H Adria, Mühlenstr. 1, ✆ 8614, III

H Zur Blinke, Blinke 1, ✆ 216, III

Gh Zur Waage, Kirchring 51, ✆ 380, II

P Lammers, Mühlenstr. 16, ✆ 6247, I

P Johanna, Bunder Deich 11, ✆ 6608, I

Hh Wiemannshof, Rheiderlandstr. 3, ✆ 910850

Weener (D)
PLZ: 26826; Vorwahl: 04951

ℹ Tourist Information, Norderstr. 18, ✆ 912016

H Zum Weinberge, Süderstraße 1, ✆ 955728, V

H Wuppertaler Hof, Mühlenstr. 23, ✆ 3376, III
Hg Frey's, Komm.-Rat-Hesse-Str. 1, ✆ 593, II-III
Hg Gästehaus am Deich, Friesenstr. 33, ✆ 955866, III-V
P Ems, Kirchhofstr. 7, ✆ 2908, II-III
P Sonnenberg, Jelsgaste 37a, ✆ 04953/8709, II
P Gerhard Leggedör, Süderstr. 35, ✆ 564, IV-V
Bh Renold Müller, Süderweg 5a, ✆ 8222, II
▲ Weener, Am Erholungsgebiet 4, ✆ 1740 od. 912016

Stapelmoor:
Pz Willemke Postma, Hauptstr. 9, ✆ 912565

Leer-Bingum (D)
PLZ: 26789; Vorwahl: 0491
Pz Lübbers, Kurt-Schumacher-Str. 36, ✆ 63334, II
Pz Rebel, Krokusweg 1, ✆ 9922772, II
▲ Ems-Marina, Marinastr., ✆ 64447

Jemgum (D)
PLZ: 26844; Vorwahl: 04958
ℹ Verkehrsbüro Jemgum, Hofstr. 2, ✆ 918116
P Deichhof Jemgum, Sielstr. 2a, ✆ 641, II
P Reck, Lerenweg 5, ✆ 653
Pz Diddens, Oberfletmer Str. 11, ✆ 648, I
Pz Müller, Oberfletmer Str. 34, ✆ 912152
Pz Zippert, Midlumer Str. 23, ✆ 1369
Pz Siddiquie, Jensumer Str. 2, ✆ 430
Ditzum, Vorwahl 04902
P Oll Kaptens Hunske, Hofstr. 24, ✆ 1206

Pz Brandaris, Sielstr. 3, ✆
Pz Dinhela, Einenstr. 10, ✆ 648
Pz Soelsums, Arderweg 3, ✆ 382
Pz Schulte, Pappelstr. 1, ✆ 687
Pz Wilts, Mühlenstr. 4, ✆

Holtgaste:
Pz Heikens, Kolkweg 3, ✆ 990039
Bh Familie van Lessen, Holtgaste 8, ✆ 511

Leer (D)
PLZ: 26789; Vorwahl: 0491
ℹ Touristinformation der Stadt Leer, Ledastr. 10, ✆ 91969670
H Ostfriesen-Hof, Groninger Str. 109, ✆ 60910, V-VI
H Parkhotel Waldkur, Zoostr. 14, ✆ 976980, IV-V
H Am Markt, Mühlenstr. 36, ✆ 61007, IV
H Bauerndiele, Heisfelder Str. 181, ✆ 3421, IV
H Frisia, Bahnhofsring 16-20, ✆ 92840, V
H Central, Pferdemarktstr. 47, ✆ 2370, IV-V
H Lange, Zum Schöpfwerk, ✆ 12011, V-VI
H Oberledinger Hof, Bremer Str. 33-37, ✆ 919293, IV-V
H Ostfriesisches Stübchen, Mühlenstr. 54, ✆ 61136, III-IV
Hg Sophien-Café, Heisfelder Str. 78, ✆ 927860, IV-V
Gh Stadtschänke, Brunnenstr. 11, ✆ 9191515, IV
P Siebeneck, Kobusweg 1, ✆ 67273, II
P Zum gemütlichen Eck, Stettiner Str. 14, ✆ 9279260, III

P Heeren, Mozartstr. 17, ✆ 73033, II
Pz Erdbories, Parkstr. 45a, ✆ 13763, II
Pz Linke, Bullenkamp 30, ✆ 5383, III
Pz von Höveling, Mettjeweg 7, ✆ 72904, II
Pz Klare, Norderneyer Weg 2, ✆ 9121840,
Pz Janssen, Riedweg 24, ✆ 63747, II
Pz Read-Linton, Kapellenweg 4, ✆ 71413, II
Pz Rothfuhs, Moorweg 21a, ✆ 5748, II
Pz Diekmann, Bethelstr. 11a, ✆ 12734, I-II
▲ DJH Leer, Süderkreuzstr. 7, ✆ 2126

Logabirum:
Bh Müllerhausherberge „Eiklenborg", Logabirumer Str. 55, ✆ 7584
Hh Freizeit-/Reiterhof „Zimmer", Siebenbergen 107, ✆ 73007 od. 72777, VI

Ortsindex

Einträge in *grüner* Schrift beziehen sich aufs Übernachtungsverzeichnis.

A

Aagtdorp	59
Afsluitdijk	66
Alkmaar	56, *134*
Ameland	102
Anjum	104, *137*
Appingedam	115, *138*

B

Bakkum	*133*
Bergen-Binnen	59, *134*
Bergen aan Zee	61, *134*
Beverwijk	52
Bierum	114, *138*
Biessum	114
Blija / Blije	100
Bloemendaal	49, *133*
Breezanddijk	68
Brielle	22, *131*
Bunde	*138*
Bunde (D)	120

C

Callantsoog	77, *135*
Camperduin	62
Castricum	54, *133*
Coldam (D)	126
Cornwerd	68, *135*

D

Delfzijl	116, *138*
Den Andel	110, *137*
Den Burg	82, *136*
Den Haag	31, *131*
Den Helder	80, *135*
Den Hoorn	86, *136*
Den Oever	66, *135*
De Cocksdorp	86, *136*
De Haukes	64
De Haukus-Westerland	*134*
De Koog	84, *136*
De Putten	62
De Waal	82, *136*
Dokkum	100, *137*
Drieborg	118
Driehuis	50

E

Egmond-Binnen	55, *133*
Egmond aan den Hoef	56, *134*
Egmond aan Zee	56, *133*

F

Ferwerd	98
Ferwert/Ferwerd	98
Franeker	94, *136*
Frentjer	94
Frentsjer	*136*

G

Groet	61
Groote Keeten	77, *135*

H

Haarlem	46, *133*
Haarls	72, *135*
Hallum	*137*
Hantumhuizen	104
Harlingen	72, *135*
Heemskerk	*133*
Heemskerkerduin	54
Hegebeintum	98, *137*
Heiloo	*133*
Hillegom	42
Hippolytushoef	66, *135*
Hoek van Holland	24, *131*
Hogebeintum	98, *137*
Holtgaste	*139*
Holwerd	102, *137*
Hoogwatum	114
Hornhuizen	106
Huisduinen	77

I

IJmuiden	50, *133*

J

Jemgum	*139*
Jemgum (D)	126
Julianadorp	*135*

K

Kaakhorn	108
Katwijk	37, *132*
Kijkduin	26, *131*
Kimswerd	72, *135*
Kimswert	72, *135*
Kirchborgum (D)	126
Kleine Sluis	64
Kloosterburen	106, *137*
Koarnwert	68, *135*
Kornwerderzand/ Koarnwertersân	68

L

Lauwersoog	105, *137*
Lauwerszijl	*137*
Leens	*137*
Leer	*139*
Leer-Bingum	*139*
Leer-Bingum (D)	126
Leer (D)	127
Lichtaard	100
Limmen	*133*
Lisse	40
Logabirum	*139*

M

Maassluis	23, *131*
Makkum	68, *135*
Marrum	*137*
Midwolda	*138*
Moddergat	104, *137*
Monster	25, *131*

N

Nationalpark De Kennemerduinen	48
Nieuw-Beerta	*138*
Nieuweschans	118, *138*
Nieuwe Bildtdijk	98
Nieuwe Waterweg	20
Nieuwolda	*138*
Noordburen	66
Noordwijk	38, *132*
Noordwijkerhout	*132*

O

Oost-Vlieland	90
Oosterend	84, *136*
Oudeschild	81
Oudesluis	64
Oude Bildtdijk	98
Oude Bildtzijl	98
Overveen	49, *133*

P

Paapstil	112
Paesens	104, *137*
Petten	62, *134*
Piaam	70
Pieterburen	108, *137*
Pingjum	*135*
Posthuis	88

R

Rijnsburg	*132*
Rotterdam	14, *130*
Rozenburg	22, *131*
Ruigenhoek	*132*

S

's-Gravenzande	*131*
Santpoort	49, *133*
Scheveningen	26, *131*
Schiedam	18, *130*
Schiermonnikoog	105
Schoorl	60, *134*
Sexbierum	93, *136*
Sint Annaparochie	96, *136*
Sint Jacobiparochie	96, *136*
Sint Maarten	*134*
Sint Maartensbrug	*134*
Sint Maartensvlotbrug	*134*
Sint Maartenszee	62, *134*
Spijk	114, *138*
Stapelmoor	*139*
Surch	72, *135*

T

't Horntje	81
't Schoor	104
't Zand	*134*
Termunten	118
Termunterzijl	117, *138*
Ternaard	*137*
Terschelling	90
Ter Heijde	25, *131*
Texel	80, *136*
Tjummarum	96, *136*
Tzummarum	96, *136*

U

Uithuizen	112, *138*
Uithuizermeeden	*138*
Ulrum	106, *137*
Usquert	110, *138*

V

Velsen-Noord	52, *133*
Velsen-Zuid	50, *133*
Vierhuizen	106, *137*
Vlaardingen	20, *131*
Vlieland	88, *136*
Voorschoten	36
Vrouwenparochie	96, *136*

W

Wagenborgen	*138*
Warffum	110, *137*
Wassenaar	36, *132*
Weener	122, *138*
Weiwerd	117
Westernieland	110, *137*
Wierum	104, *137*
Wijk aan Zee	52, *133*
Woldendorp	*138*

Z

Zandvoort	42, *132*
Zoutkamp	106, *137*
Zurich	72, *135*